De unges Forbund

Henrik Ibsen

De unges Forbund
Copyright © JiaHu Books 2014
First Published in Great Britain in 2014 by JiaHu Books – part of Richardson-Prachai Solutions Ltd, 34 Egerton Gate, Milton Keynes, MK5 7HH
ISBN: 978-1-78435-062-8
Conditions of sale

All rights reserved. You must not circulate this book in any other binding or cover and you must impose the same condition on any acquirer.

A CIP catalogue record for this book is available from the British Library

Visit us at: jiahubooks.co.uk

PERSONERNE	5
FØRSTE AKT	7
ANDEN AKT	31
TREDJE AKT	61
FJERDE AKT	82
FEMTE AKT	109

PERSONERNE

KAMMERHERRE BRATSBERG, jernværksejer.
ERIK BRATSBERG, hans søn, juridisk kandidat og grosserer.
THORA, hans datter.
SELMA, grossererens frue.
DOKTOR FJELDBO, værkslæge.
SAGFØRER STENSGÅRD.
PROPRIETÆR MONSEN på Storli.
BASTIAN MONSEN, hans søn.
RAGNA, hans datter.
KANDIDAT HELLE, huslærer på Storli.
VÆRKSFORVALTER RINGDAL.
GÅRDBRUGER ANDERS LUNDESTAD.
DANIEL HEJRE.
MADAM RUNDHOLMEN, landhandlerenke.
BOGTRYKKER ASLAKSEN.
EN TJENESTEPIGE hos kammerherrens.
EN OPVARTER.
EN PIGE hos madam Rundholmen.
FOLK AF ALMUEN, KAMMERHERRENS GÆSTER, O. S. V. O. S. V.
(Handlingen foregår på værket i nærheden af en købstad i det søndenfjeldske Norge.)

FØRSTE AKT

(17de Maj. Aften. Folkefest. En lund ved hovedgården. Musik og dans i baggrunden; brogede lamper på træerne. I midten, noget tilbage, en talerstol; til højre indgang til et stort beværtningstelt; foran samme et bord med bænke. Over på den anden side i forgrunden et andet bord, pyntet med blomster og omgivet af lænestole.)
(Stor folkemasse. Gårdbruger Lundestad, med komitesløjfe i knaphullet, står på talerstolen. Værksforvalter Ringdal ligeledes med komitesløjfe, ved bordet til venstre.)

LUNDESTAD. – – Og derfor, ærede sognefolk, – en skål for vor frihed! Således, som vi har taget den i arv fra vore fædre, således vil vi bevare den for os selv og for vore sønner! Hurra for dagen! Hurra for 17de Maj!

TILHØRERNE. Hurra, hurra, hurra!

VÆRKSFORVALTER RINGDAL *(idet Lundestad stiger ned).* Og nu et hurra for gamle Lundestad!

ENKELTE STEMMER. Hys! Hys!

MANGE STEMMER *(overdøvende).* Hurra for Lundestad! Gamle Lundestad leve! Hurra!

(Tilhørerne spreder sig. Proprietær Monsen, hans søn Bastian, sagfører Stensgård og bogtrykker Aslaksen trænger sig frem gennem sværmen.)

MONSEN. Ja minsæl blir han aflægs nu!

ASLAKSEN. Det var vore lokale forholde han snakked for! Ho-ho!

MONSEN. Den tale har han nu holdt i alle de år, *jeg* kan mindes. Kom så her –!

STENSGÅRD. Nej-nej-nej! Ikke den vej, herr Monsen! Nu kommer vi jo rent bort fra Deres datter.

MONSEN. Å, Ragna finder os nok igen.

BASTIAN. Hun har ingen nød; kandidat Helle er med hende.

STENSGÅRD. Helle?

MONSEN. Ja, Helle. *(puffer ham venskabeligt.)* Men jeg er med Dem, ser De. Og det er vi da allesammen. Kom så! Her sidder vi i ly for kreti og pleti; her kan vi snakke lidt nærmere om det, som – *(har imidlertid sat sig ved bordet til venstre.)*

RINGDAL *(træder til).* Undskyld, herr Monsen, – det bord er forbeholdt –

STENSGÅRD. Forbeholdt? For hvem?

RINGDAL. For kammerherrens.

STENSGÅRD. Å hvad, kammerherrens! Her er jo ingen af dem tilstede.

RINGDAL. Nej, men vi kan vente dem hvert øjeblik.

STENSGÅRD. Så lad dem sætte sig et andet steds. *(tager en stol.)*

GÅRDBRUGER LUNDESTAD *(lægger hånden på stolen).* Nej, bordet får nu stå, som sagt er.

MONSEN *(rejser sig).* Kom, herr Stensgård; der er ligeså god plads derborte. *(går over til højre.)* Opvarter! Hm, ingen opvarter heller. Det skulde nu festkomiteen sørget for itide. Å, Aslaksen, gå ind og hent os fire flasker Champagne. Forlang af den dyreste. Sig, Monsen betaler!

(Aslaksen går ind i teltet; de tre øvrige sætter sig.)

LUNDESTAD *(går stilfærdigt over til dem og vender sig til Stensgård).* De får nu endelig ikke ta'e det fortrydeligt op –

MONSEN. Nej, fortrydeligt –! Gudbevares! Langtfra det!

LUNDESTAD *(fremdeles til Stensgård).* For det er jo sletikke mig personligt; det er festkomiteen, som har besluttet –

MONSEN. Forstår sig. Festkomiteen har at befale og vi skal lystre –

LUNDESTAD *(som før).* Vi er jo her på kammerherrens grund.

8

Han har velvilligt overladt os både lunden og haven for ikveld; og så mente vi –

STENSGÅRD. Vi sidder fortræffeligt her, herr Lundestad, – når vi blot får sidde i ro, – jeg mener, for folkesværmen.

LUNDESTAD *(venligt)*. Ja, ja; så er det jo godt og vel altsammen. *(går mod baggrunden.)*

ASLAKSEN *(fra teltet)*. Nu kommer opvarteren strax med vinen. *(sætter sig.)*

MONSEN. Eget bord; – under særligt tilsyn af festkomiteen. Og det på selve frihedsdagen! Der har De en prøve på det hele stel.

STENSGÅRD. Men herregud, I gode skikkelige mennesker, – hvorfor finder I jer i sligt?

MONSEN. Gammel nedarvet slendrian, ser De.

ASLAKSEN. De er ny her i egnen, herr sagfører Stensgård. Men kendte De bare en liden smule til vore lokale forholde, så –

OPVARTEREN *(bringer Champagne)*. Det var jo her, der blev bestilt –?

ASLAKSEN. Ja visst. Se så; skænk i!

OPVARTEREN *(skænker i)*. Ja, det var jo for Deres regning, herr Monsen?

MONSEN. Altsammen; vær ganske rolig.

(Opvarteren går.)

MONSEN *(klinker med Stensgård)*. Nå, velkommen iblandt os, herr overretssagfører! Det glæder mig særdeles at ha'e gjort Deres bekendtskab; og jeg må sige, det er en ære for distriktet, at slig en mand, som De, slår Dem ned her. Vi har læst så meget om Dem i aviserne, både fra sangermøder og andre møder. Herr sagfører Stensgård, De har store talegaver og De har hjerte for det almindelige vel. Gid De nu rigtig med liv og *lyst* måtte gribe ind i, – hm, gribe ind i –

ASLAKSEN. I de lokale forholde.

MONSEN. Å ja; i de lokale forholde. Skål for det!

9

(de drikker.)
STENSGÅRD. Liv og lyst skal det ikke skorte på!
MONSEN. Bravo! Hør! Et glas til for det løfte!
STENSGÅRD. Nej, stop; jeg har allerede i forvejen –
MONSEN. Å snak! Et glas til, siger jeg; – det er et løftets bæger!
(de klinker og drikker igen; under det følgende vedbliver Bastian flittigt at fylde glassene.)
MONSEN. Forresten, – siden vi nu engang er kommet ind på slige ting –, så må jeg sige, at det ikke egentlig er kammerherren, som holder alting under åget. Nej, den, som står bagved og styrer slæden, det er gamle Lundestad, De!
STENSGÅRD. Ja, det har jeg hørt fra flere kanter. Jeg begriber ikke, at sådan en frihedsmand –
MONSEN. Lundestad? Kalder De Anders Lundestad frihedsmand? Ja, han gav sig rigtignok ord for det, i sine unge dage, da det gjaldt at svinge sig op. Derfor tog han også storthingshvervet i arv efter faderen. Gudbevars; alting går nu i arv her!
STENSGÅRD. Men alt dette uvæsen måtte der da kunne gøres en ende på.
ASLAKSEN. Ja, død og pine, herr sagfører, – bare gør ende på!
STENSGÅRD. Jeg siger jo ikke at *jeg* –
ASLAKSEN. Jo, netop De! De er manden. De har snakketøj, som folk siger; og De har det, som mere er, De har penneførhed. Min avis står Dem åben, det véd De.
MONSEN. Men skulde noget ske, så måtte det rigtignok ske snart. Valgmandsvalget skal holdes en af dagene.
STENSGÅRD. Og Deres mange private affærer vilde ikke være til hinder, dersom valget nu faldt på Dem?
MONSEN. Mine private affærer vilde vistnok lide under det; men dersom man mente, at kommunens tarv fordred noget sligt, så

fik jeg naturligvis finde mig i at sætte personlige hensyn tilside.
STENSGÅRD. Ja-ja, så er det brav. Og et parti *har* De allerede, det har jeg godt mærket.
MONSEN. Jeg smigrer mig med, at flertallet af den unge virkelystne slægt –
ASLAKSEN. Hm, hm; her er snushaner ude.
DANIEL HEJRE *(fra teltet; nærsynet, spejder omkring og kommer nærmere).* Å, turde jeg ikke bede om at få låne en ledig stol; jeg vilde gerne sætte mig derborte.
MONSEN. Her er faste bænke, som De ser; men kan De ikke sidde her ved bordet?
DANIEL HEJRE. Der? Ved det bord? Å jo, såmæn! *(sætter sig.)* Se, se! Champagne, tror jeg.
MONSEN. Ja. De drikker kanske et glas med?
DANIEL HEJRE. Nej, tak! Den Champagne, madam Rundholmen leverer, den –; nå ja, et lidet glas kan jeg jo sagtens for godt selskabs skyld –; ja, den som nu bare *havde* et glas.
MONSEN. Bastian, gå ind og hent et.
BASTIAN. Å, Aslaksen, gå ind og hent et glas.
(Aslaksen går ind i teltet. Taushed.)
DANIEL HEJRE. Herrerne generer sig da vel ikke for mig? Lad mig endelig ikke –! Tak, Aslaksen! *(hilser på Stensgård.)* Fremmed ansigt. Nylig ankommen. Formodentlig overretssagfører Stensgård, hvis jeg ikke fejler.
MONSEN. Ganske rigtig. *(præsenterer.)* Overretssagfører Stensgård, herr Daniel Hejre –
BASTIAN. Kapitalist.
DANIEL HEJRE. Forhenværende, rettere sagt. Nu har jeg skilt mig ved det hele; er gået fra det, kan man gerne sige. Ja, ikke fallit! Det må De død og pine ikke tro.
MONSEN. Drik, drik nu, mens det skummer.

DANIEL HEJRE. Men kæltringstreger, ser De; kneb og sligt noget, – noksagt. Nå ja, jeg vil håbe, det blot er forbigående. Når jeg får mine ældre processer og nogle andre affærer fra hånden, så skal minsæl den højvelbårne herr Mikkel for en dag. Skål! Drikker De ikke på det? Hvad?
STENSGÅRD. Ja, måtte jeg ikke først spørge, hvem den højvelbårne herr Mikkel er?
DANIEL HEJRE. He-he; De skal såmæn ikke se så forlegen ud. De tror da vel aldrig, jeg sigter til herr Monsen? Herr Monsen kan jo dog ikke kaldes højvelbåren ialfald. Nej, det er kammerherre Bratsberg, min kære unge ven!
STENSGÅRD. Hvad for noget? I forretningssager er da vel kammerherren en hæderlig mand.
DANIEL HEJRE. Siger De det, unge menneske? Hm; noksagt! *(rykker nærmere.)* For en snes år siden var jeg værd en tønde guld. Fik stor formue efter min fader. De har vel hørt tale om min fader? Ikke det? Gamle Mads Hejre? De kaldte ham Guld-Mads. Han var skibsrheder; tjente ustyrtelige penge i licentztiden; lod sine vinduesposter og dørstolper forgylde; havde råd til det; noksagt; – derfor kaldte de ham Guld-Mads.
ASLAKSEN. Forgyldte han ikke skorstenspiberne også?
DANIEL HEJRE. Nej, det er bare en avisløgn; – den opstod længe forinden Deres tid forresten. Men penge brugte han; og det har da jeg også gjort. En kostbar rejse til London –; har De ikke hørt tale om min rejse til London? Førte formelig hofstat med mig; – har De virkelig ikke hørt tale om det? Hvad? – Og hvad har jeg ikke smidt væk til kunster og videnskaber? Og hvorledes har jeg ikke holdt unge talenter frem?
ASLAKSEN *(rejser sig)*. Tak for mig, mine herrer!
MONSEN. Nå? Vil De gå fra os?
ASLAKSEN. Ja, jeg vil røre lidt på mig.

(går.)

DANIEL HEJRE *(dæmpet).* Han er også en af dem. Lønner som alle de andre; he-he! Véd De vel, jeg har holdt ham et helt år til studeringer?

STENSGÅRD. Virkelig? Har Aslaksen studeret?

DANIEL HEJRE. Ligesom den unge Monsen; – blev aldrig til noget; også ligesom, – noksagt, – hvad jeg vilde sige; måtte opgive ham; mærkede allerede tidligt denne usalige hang til spirituosa –

MONSEN. Men De kom rent bort fra, hvad De vilde fortalt herr Stensgård om kammerherren.

DANIEL HEJRE. Ej, det er en vidtløftig historie. Da min fader stod på sit højeste, så gik det nedad for den gamle kammerherre, – den nuværendes fader, forstår De; for *han* var også kammerherre –

BASTIAN. Naturligvis; alting går i arv her.

DANIEL HEJRE. Alle tækkelige egenskaber iberegnet. Noksagt. Pengereduktionen, – uforsigtigheder, vidtløftigheder, som han roded sig ind i anno 1816 og derudover, tvang ham til at sælge af jordegodset –

STENSGÅRD. Og Deres fader købte?

DANIEL HEJRE. Både købte og betalte. Nu! Hvad sker? Jeg tiltræder arven; jeg gør forbedringer i tusendtal –

BASTIAN. Naturligvis.

DANIEL HEJRE. Skål! – Forbedringer i tusendtal, som sagt; jeg lufter ud i skogene; en årrække går, – så kommer min herr Urian, – jeg mener den nuværende, – og laer handelen gå om igen!

STENSGÅRD. Ja, men højstærede herr Hejre, det måtte De da kunnet forhindre.

DANIEL HEJRE. Ikke så let! Nogle små formaliteter var forglemte, påstod han. Jeg befandt mig desuden dengang i en momentan pengeforlegenhed, som efterhånden gik over til at blive permanent. Og hvor langt rækker man vel nutildags uden kapitaler?

MONSEN. Nej, det er så Gud et sandt ord! Ja, i visse måder rækker man ikke langt *med* kapitaler heller. Det har jeg fået føle. Ja, selv mine uskyldige børn –

BASTIAN *(dunker i bordet).* Uf, faer, – havde jeg visse folk her!

STENSGÅRD. Deres børn, siger De?

MONSEN. Nå ja; se for exempel Bastian. Er han ikke bleven vel oplært kanske –?

DANIEL HEJRE. Trefold! Først i retning henimod student; så i retning henimod maler; og så i retning –, nej, det er sandt, – civilingenieur, *det* er han da.

BASTIAN. Ja, det er jeg, død og pine!

MONSEN. Ja, det er han; det kan jeg bevise både med regninger og med examensattester! Men hvem har fået kommunalarbejdet? Hvem har fået vejanlæggene her – især i de to sidste år? Det har udlændinger fået, – eller ialfald fremmede, – folk, kortsagt, om hvem man ingenting véd!

DANIEL HEJRE. Ja, det går skammeligt til i det hele. Da man til nytår skulde have en sparebankforstander, gik man herr Monsen forbi og valgte et subjekt med forstand *(hoster)* med forstand på at holde pungen lukket, – hvilket vor splendide vært åbenbart ikke har. Gælder det et tillidshverv i kommunen; – ligedan! Aldrig Monsen; altid en, der nyder tillid – hos magthaverne. Nå; commune sufragium, som der står i romerretten; det vil sige, man lider skibbrud i kommunalfaget, faer! Fy, for pokker? Skål!

MONSEN. Tak! Men for at komme til noget andet, – hvorledes går det nu med Deres mange processer?

DANIEL HEJRE. De er fremdeles under forberedelse; jeg kan ikke sige Dem mere for øjeblikket. Ja, hvilke chikaner er jeg ikke udsat for i den anledning! I næste uge blir jeg desværre nødt til at indkalde hele formandskabet for forligelseskommissionen.

BASTIAN. Er det sandt, som folk siger, at De engang har indkaldt Dem selv for forligelseskommissionen?

DANIEL HEJRE. Mig selv? Ja; men jeg mødte ikke.

MONSEN. Ha-ha! Ikke det, nå?

DANIEL HEJRE. Havde lovligt forfald; skulde over Grønsund, og så var det uheldigvis det år, Bastian havde bygget broen; – plump; De véd, det gik ad undas –

BASTIAN. Nå, så skulde da fanden –.

DANIEL HEJRE. Besindighed, unge mand! Her er så mange, som spænder buen til den brister; brobuen, mener jeg; alting er jo arveligt –; noksagt!

MONSEN. Hå-hå-hå! Noksagt, ja! Drik nu De, noksagt! *(til Stensgård.)* De hører, herr Hejre har fribrev på at yttre sig, som han lyster.

DANIEL HEJRE. Ja, yttringsfriheden er også den eneste statsborgerlige rettighed, jeg sætter pris på.

STENSGÅRD. Kun skade, at den rettighed er begrænset af lovene.

DANIEL HEJRE. He-he! Herr overretssagførerens tænder løber kanske i vand efter en injurieproces? Hvad? Læg endelig ikke hånden imellem, højstærede! Jeg er en gammel praktikus, jeg!

STENSGÅRD. Med hensyn til injurier?

DANIEL HEJRE. Deres tilgivelse, unge mand! Den harme, De føler, den gør isandhed Deres hjerte ære. Jeg beder Dem glemme, at en olding har siddet her og talt frimodigt om Deres fraværende venner.

STENSGÅRD. Fraværende venner?

DANIEL HEJRE. Sønnen er visst al ære værd; noksagt! Datteren ligeså. Og når jeg i forbigående kom til at kaste et stænk på kammerherrens karakter –

STENSGÅRD. Kammerherrens? Er det kammerherrens, De kalder mine venner?

DANIEL HEJRE. Ja, man gør da ikke visiter hos sine uvenner, véd jeg?

BASTIAN. Visiter?

MONSEN. Hvad for noget?

DANIEL HEJRE. Au, au, au! Her har jeg visst røbet noget, som –!

MONSEN. Har De gjort visiter hos kammerherrens!

STENSGÅRD. Sniksnak! Forvanskninger!

DANIEL HEJRE. Sandelig, højst fatalt! Men hvor kunde jeg også tænke, at det var en hemmelighed? *(til Monsen.)* Forresten må De ikke tage mine ord altfor bogstaveligt. Når jeg siger visit, så mener jeg kun sådant et formelt besøg; – rigtignok i livkjole og gule handsker; men hvad –!

STENSGÅRD. Og jeg siger Dem, jeg har ikke talt et levende ord med den familje!

DANIEL HEJRE. Er det muligt? Blev De ikke modtagen andengang heller? Ja, for førstegang nægted man sig hjemme, det véd jeg nok.

STENSGÅRD *(til Monsen)*. Jeg havde noget skriftligt at overbringe fra tredjemand i Kristiania; det er det hele.

DANIEL HEJRE *(rejser sig)*. Der er, Gud døde mig, noget oprørende i sligt! Der kommer den unge, tillidsfulde, uerfarne på livets bane; opsøger den prøvede verdensmand i hans hus; tyr til ham, der har sit på det tørre, for at begære, – noksagt! Verdensmanden slår døren i; man er ikke hjemme; – nej, man er aldrig hjemme, når det gælder, – noksagt!*(udbrydende.)* Men det er jo den skammeligste grovhed ovenikøbet!

STENSGÅRD. Å, lad nu den kedelige sag fare.

DANIEL HEJRE. Ikke hjemme! Han, som går der og siger: jeg er altid hjemme for skikkelige mennesker!

STENSGÅRD. Siger han det?

DANIEL HEJRE. Sådant et mundheld. Herr Monsen blir heller aldrig modtaget. Men jeg begriber ikke, hvorfor han har lagt Dem for had. Ja, jeg siger had; for véd De, hvad jeg hørte igår?

STENSGÅRD. Jeg vil ikke vide, hvad De hørte igår.

DANIEL HEJRE. Punktum altså. Yttringen var mig forresten ikke påfaldende; – i kammerherre Bratsbergs mund da! Jeg kan blot ikke forstå, hvorfor han skulde lægge «rodhugger» til.

STENSGÅRD. Rodhugger?

DANIEL HEJRE. Når De absolut tvinger mig, så må jeg ind- rømme, at kammerherren har kaldt Dem en rodhugger og en lykkejæger.

STENSGÅRD *(springer op)*. Hvad for noget?

DANIEL HEJRE. Rodhugger og lykkejæger, – eller lykkejæger og rodhugger, jeg tør ikke indestå for hvorledes ordene faldt.

STENSGÅRD. Og det har De hørt på?

DANIEL HEJRE. Jeg? Havde jeg været tilstede, herr sagfører Stensgård, så skulde De visselig ikke savnet det forsvar, som De fortjener.

MONSEN. Der ser De, hvad der kommer ud af at –

STENSGÅRD. Hvor tør den uforskammede person understå sig –?

DANIEL HEJRE. Nå, nå, nå! Ikke så ivrig! Det har været figurligt ment, det gier jeg min hals på. Kanske blot en spøgefuld vending. Imorgen kan De jo bede om en forklaring. Ja, for De skal da vel i den store middag? Hvad?

STENSGÅRD. Jeg skal ikke i nogen middag.

DANIEL HEJRE. To visiter og endda ingen indbydelse –!

STENSGÅRD. Rodhugger og lykkejæger! Hvad skulde det sigte til?

MONSEN. Se derborte! Når man taler om fanden, så er han nærmest. Kom, Bastian!

(Monsen og Bastian bort.)

STENSGÅRD. Hvad skulde det betyde, herr Hejre?
DANIEL HEJRE. Kan virkelig ikke tjene Dem med noget svar. – De lider? Deres hånd, unge mand! Tilgiv, om jeg ved min frimodighed har såret Dem. Tro mig, De har endnu mange bittre erfaringer at gøre på livets bane. De er ung; De er tillidsfuld og godtroende. Det er smukt; det er rørende sågar; men, men, – godtroenhed er sølv; verdenserfaring er guld; – det er et ordsprog af min egen opfindelse, faer! Gud være med Dem!
(Daniel Hejre går.)

(Kammerherre Bratsberg, hans datter og doktor Fjeldbo kommer fra venstre.)
ANDERS LUNDESTAD *(ved talerstolen, slår til lyd)*. Herr værksforvalter Ringdal har ordet.
STENSGÅRD *(råber)*. Herr Lundestad, jeg forlanger ordet!
LUNDESTAD. Siden!
STENSGÅRD. Nej, nu! Straks!
LUNDESTAD. De kan ikke få ordet nu. Herr Ringdal har det.
RINGDAL *(på talerstolen)*. Ærede forsamling! I dette øjeblik har vi den ære at se i vor midte manden med det varme hjerte og den åbne hånd, – han, som vi i en lang årrække har vant os til at se op til, som til en fader; han, som altid er rede til råd, som til dåd; han, hvis dør aldrig er stængt for noget hæderligt medlem af vort samfund; han, han –; vor ærede hædersgæst ynder ikke lange taler, og derfor, en skål og et hurra for kammerherre Bratsberg og hans familje! De leve! Hurra!
MÆNGDEN. Hurra! Hurra! Hurra!
(stormende jubel; man omringer kammerherren, som takker og trykker de nærmestes hænder.)
STENSGÅRD. Får jeg *nu* ordet?

LUNDESTAD. Vær så god. Talerstolen er til tjeneste.
STENSGÅRD *(springer op på bordet).* Jeg bygger min egen talerstol!
DE UNGE *(stimler om ham).* Hurra!
KAMMERHERREN *(til doktoren).* Hvem er det balstyrige menneske?
FJELDBO. Sagfører Stensgård.
KAMMERHERREN. Nå, han!
STENSGÅRD. Hør mig, I feststemte brødre og søstre! Hør mig, I, som har frihedsdagens jubel og sang i eders hjerter, selv om den ligger bunden. Jeg er en fremmed iblandt jer –
ASLAKSEN. Nej!
STENSGÅRD. Tak for det nej! Jeg taer det som et længselens og trangens vidnesbyrd. Dog, fremmed er jeg; men det er svoret, at her står jeg med stort og friskt hjertelag for eders sorg og glæde, for eders savn og sejer; havde jeg såsandt derover nogen magt, da – da –!
ASLAKSEN. Det *har* De, herr overretssagfører!
LUNDESTAD. Ingen afbrydelse! De har ikke ordet.
STENSGÅRD. De endnu mindre! Jeg afsætter festkomiteen! Frihed på frihedsdagen, gutter!
DE UNGE. Hurra for friheden!
STENSGÅRD. Man vil nægte jer mælets brug! I hørte det. Man vil gøre jer til umælende! Væk med sligt voldsherredømme! Jeg vil ikke stå her og holde tale for en målbunden klynge. Snakke vil jeg. Og I skal snakke med. Vi vil snakke fra leveren!
MÆNGDEN *(under stigende jubel).* Hurra!
STENSGÅRD. Ikke mere disse golde kisteklædte festmøder! En gylden, en dådstung grøde skal skyde frem af vore syttende-Maj-lag herefter. Maj! Det er jo spiretiden; det er årets unge svulmende jomfrumåned. Til 1ste Juni blir det netop to måneder siden jeg satte mig ned her iblandt jer. Og hvad har jeg ikke set af storhed og af småhed, af stygt og afvakkert her!

KAMMERHERREN. Hvad er det egentlig han taler om, doktor?
FJELDBO. Bogtrykker Aslaksen siger, det er om de lokale forholde.
STENSGÅRD. Jeg har set evner glimte og glittre nede i folket. Men jeg har også set den fordærvelsens ånd, som ligger knugende over evnerne og holder dem nede i det lave. Ja, jeg har set unge, varme, tillidsfulde hjerter storme til møde, – men også dem, som stængte døren for sig!
THORA. O, Gud!
KAMMERHERREN. Hvad mener han med det?
STENSGÅRD. Ja, brødre og søstre i frejdighed! Der er i vejret, i luften, en magt, et spøgelse fra rådne dage, som lægger tyngsel og mørke udover der, hvor der skulde være lys og flugt. I jorden igen med dette spøgelse!
MÆNGDEN. Hurra! Hurra for 17de Maj!
THORA. Kom, faer –!
KAMMERHERREN. Hvad pokker er det for spøgelse? Doktor, hvem taler han om?
FJELDBO *(hurtigt)*. Å, det er om –
(hvisker et par ord.)
KAMMERHERREN. Aha! Nej, gør han virkelig?
THORA *(sagte)*. Tak!
STENSGÅRD. Vil ingen anden knuse dragen, så vil jeg! Men vi må holde sammen, gutter!
MANGE STEMMER. Ja! Ja!
STENSGÅRD. Vi er de unge. Vi ejer tiden; men tiden ejer også os. Vor ret er vor pligt! Albuerum for enhver dådskraft, for enhver vilje, som er af det stærke! Hør mig! Vi vil stifte et forbund. Pengesækken har ophørt at regere i sognet!
KAMMERHERREN. Bravo! *(til doktoren.)* Pengesækken, sagde han; altså dog virkelig –!
STENSGÅRD. Ja, gutter, vi, vi er valutaen, så sandt der er malm i os.

Vore viljer, det er det klingende sølv, som skal gælde mand og mand imellem. Krig og nederlag for hver den, som vil hindre, at vi udmynter os!

MÆNGDEN. Hurra!

STENSGÅRD. Man har slængt mig et hånligt bravo i ansigtet her ikveld –

KAMMERHERREN. Nej!

STENSGÅRD. Ligemeget! Hverken tak eller trusel gælder for den, der vil, hvad han vil. Og dermed Gud befalet! Ja, han; thi det er dog hans ærinde, vi går i vor unge tillidsfulde gerning. Ind til restauratøren altså; – i denne time vil vi stifte vort forbund!

MÆNGDEN. Hurra! Bær ham! Bær ham!

(han løftes på guldstol.)

STEMMER. Tal! Mere! Mere!

STENSGÅRD. Samhold, siger jeg? Med de unges forbund er et forsyn i pakt. Det står til os, om vi vil styre verden – her i distriktet!

(han bæres ind i teltet under stormende jubel.)

MADAM RUNDHOLMEN *(tørrer øjnene)*. Å nej, for en mund der sidder på det menneske! Kunde en ikke gerne kysse ham, herr Hejre?

DANIEL HEJRE. Nej, kysse ham, det vilde jeg dog ikke.

MADAM RUNDHOLMEN. Nej, De! Det tror jeg nok.

DANIEL HEJRE. Vilde De kanske kysse ham, madam Rundholmen?

MADAM RUNDHOLMEN. Uf, hvor fæl De er!

(hun går ind i teltet; Daniel Hejre ligeså.)

KAMMERHERREN. Spøgelse, – og drage, – og pengesæk! Det var forskrækkeligt grovt. Men vel tilpas!

LUNDESTAD *(nærmer sig)*. Det gør mig rigtig inderlig ondt, herr kammerherre –

KAMMERHERREN. Ja, hvor har De havt Deres menneskekundskab henne? Nå, nå; det kan times enhver. God nat, herr Lundestad, og mange tak for iaften. *(vender sig til*

Thora og doktoren.) Men fy for pokker; dette prægtige unge menneske har jeg jo været grov imod!
FJELDBO. Ja så?
THORA. Visiten, mener du –?
KAMMERHERREN. To visiter. Det er sandelig Lundestads skyld; han havde skildret mig ham, som en lykkejæger og som – som noget, jeg ikke husker. Nå, heldigvis kan jeg bøde på det.
THORA. Hvorledes –?
KAMMERHERREN. Kom, Thora; vi vil endnu iaften –
FJELDBO. Å nej, herr kammerherre, er nu det værd at –?
THORA *(sagte)*. Hys!
KAMMERHERREN. Har man forløbet sig, så får man gøre det godt igen; det er simpel skyldighed. God nat, doktor! Så fik jeg dog en fornøjelig stund. Det er mere, end De har beredt mig idag.
FJELDBO. Jeg, herr kammerherre?
KAMMERHERREN. Å ja, ja, ja; – både De og andre –
FJELDBO. Men måtte jeg ikke spørge, hvad jeg –?
KAMMERHERREN. Herr værkslæge, – ingen påtrængenhed. Jeg er aldrig påtrængende. Nå, i Guds navn forresten, – god nat!
(Kammerherren og Thora går ud til venstre; Fjeldbo ser tankefuld efter dem.)
BOGTRYKKER ASLAKSEN *(fra teltet)*. Hej, opvarter! Blæk og pen! Jo, nu går det løs, herr doktor!
FJELDBO. Hvad går løs?
ASLAKSEN. Han stifter forbundet. Det er næsten stiftet.
LUNDESTAD *(har nærmet sig sagte)*. Skriver der sig mange ind?
ASLAKSEN. Vi har nu omkring 37 foruden enker og sligt. Pen og blæk, siger jeg! Ingen opvarter tilstede; det er de lokale forholdes skyld.
(ud bagved teltet.)

LUNDESTAD. Puh; dette her har været en varm dag.
FJELDBO. Jeg er bange, vi får varmere dage herefter.
LUNDESTAD. Tror De kammerherren blev meget vred?
FJELDBO. Å, sletikke; det så De jo. Men hvad siger De om det nye forbund?
LUNDESTAD. Hm; jeg siger ingenting. Hvad skal en vel sige?
FJELDBO. Men det er jo begyndelsen til en kamp om magten her i distriktet.
LUNDESTAD. Ja-ja! Kamp er god. Han er en mand med store gaver, han, Stensgård.
FJELDBO. Og en mand, som vil frem.
LUNDESTAD. Ungdommen vil altid frem. Jeg vilde også frem, da jeg var ung; der er ingenting at sige på det. Men en kunde kanske gå indenfor døren –
DANIEL HEJRE *(fra teltet).* Nå, herr Lundestad, skal De ind og interpellere? Hvad? Gøre opposition? He-he! For så må De skynde Dem.
LUNDESTAD. Å, jeg kommer vel altid tidsnok.
DANIEL HEJRE. Forsent, faer! Med mindre De vil stå fadder.
(Hurraråb fra teltet.) Der synger degnene Amen; nu er dåbsakten over.
LUNDESTAD. En får vel lov til at høre; jeg skal holde mig stille. *(går ind.)*
DANIEL HEJRE. Det er også et af de faldende træer! Mangt og mange vil komme til at falde nu! Her vil komme til at se ud, som en skog efter storm. Å, det er dejligt, er det!
FJELDBO. Men sig mig, herr Hejre, hvad kan det egentlig interessere Dem?
DANIEL HEJRE. Interessere mig? Jeg er ingen interesseret mand, herr doktor! Når jeg fryder mig, så er det på mine medborgeres vegne. Her vil blive liv, indhold, stof! For

mig personligt – gudbevares, for mig kan det være ligegyldigt; jeg siger, som Stortyrken sagde om kejseren af Østerrig og kongen af Frankrig: Det er mig det samme, enten svinet æder hunden eller hunden svinet.

(ud i baggrunden til højre.)

MÆNGDEN *(i teltet)*. Sagfører Stensgård leve! Han leve! Hurra! Hurra for de unges forbund! Vin! Punsch! Hej; hej! Øl! Hurra!

BASTIAN MONSEN *(fra teltet)*. Gud velsigne Dem og alle mennesker! *(med tårekvalt stemme.)* Uf, doktor, jeg kender mig så stærk ikveld. Jeg må gøre noget!

FJELDBO. Genér Dem ikke. Men *hvad* vil De gøre?

BASTIAN. Jeg tror, jeg går ned på dansesalen og prygler et par af mine venner.

(ud bagved teltet.)

(Stensgård kommer ud fra teltet, uden hat og i stærk bevægelse.)

STENSGÅRD. Kære Fjeldbo, er det dig?

FJELDBO. Til tjeneste, herr folkehøvding! Ja, du er da vel kåret –?

STENSGÅRD. Naturligvis; men –

FJELDBO. Og hvad skal det så videre kaste af sig? Hvilke tillidshverv i kommunen? En bankbestyrerpost? Eller kanske –?

STENSGÅRD. Å, snak ikke til mig om sligt! Du mener det heller ikke. Du er ikke så flad og tom i brystet, som du gerne vil synes.

FJELDBO. Nu skal vi høre!

STENSGÅRD. Fjeldbo! Vær mig en ven, som før! Det er blevet øde imellem os. Der var så meget uhyggeligt hos dig, spas og spot, som stødte mig tilbage. Å, det var dog uret af mig!*(slår armene om ham.)* O, du evige Gud, hvor jeg er lykkelig!

FJELDBO. Du også! Jeg med; jeg med!

STENSGÅRD. Ja, måtte jeg ikke være den usleste usling på jorden, hvis ikke al denne velsignelse gjorde mig god og brav?

Hvormed har jeg fortjent det, du? Hvad har jeg syndige
skabhals gjort, at jeg blev så rigt benådet?

FJELDBO. Her er min hånd! Ikveld holder jeg minsæl af dig!

STENSGÅRD. Tak! Vær trofast og sand. Jeg skal være det.
– Ja, er det
ikke en usigelig lykke, således at kunne rive dem med sig, alle
de mange? Må en ikke blive god af taknemmelighed? Og
hvorledes må en ikke elske alle mennesker? Jeg synes,
jeg kunde kryste dem i favn allesammen, græde og bede dem
om forladelse, fordi Gud har været så partisk at give mig mere
end dem.

FJELDBO *(stille)*. Ja; så usigelig meget kan den enkelte få. Ikke et
kryb, ikke et grønt blad langs vejen kunde jeg træde på ikveld.

STENSGÅRD. Du?

FJELDBO. Punktum! Derom er ikke talen. Jeg vilde kun sige, at jeg
forstod dig.

STENSGÅRD. Hvad for en dejlig nat! Musiken og jubelen klinger langt
ud over engene. Dernede er det stille. – Ja, den mand, hvis liv
ikke taer sin dåb af slig en time, han fortjener ikke at leve
på Guds jord.

FJELDBO. Ja, men sig mig nu, – hvad skal så videre bygges –
imorgen, og alle ugedage?

STENSGÅRD. Bygges? Først gælder det at rive ned. – Du, Fjeldbo, jeg
har engang drømt, – eller kanske jeg så det; dog nej, jeg drømte;
men så levende; jeg syntes der var kommen dommedag over
jorden. Jeg kunde se hele rundingen af den. Ingen sol var der;
kun et gult uvejrslys. Der gik en storm; den strøg fra vest og
strøg alting med sig; først strøg den vissent løv, så strøg den
mennesker; – men de holdt sig på benene endda. Kapperne slog
tæt ind om dem, så de fo'r som siddende i flugten. Først så de
ud som borgerfolk, der løber efter sine hatte i blæst; men da de
kom nærmere, så var det kejsere og konger; og det, de løb efter

25

og greb efter, og som de altid var nærved at nå, men aldrig nåede, det var kroner og rigsæbler. Å, der kom hundreder efter hundreder af alle slags, og ingen vidste, hvad det gjaldt; men mange jamred og spurgte: hvorfra er den dog kommen, denne forfærdelige storm? Da blev der svaret: én røst talte, og denne ene røst gav slig genlyd, at stormen vaktes!

FJELDBO. Når drømte du dette?

STENSGÅRD. Å, engang, – jeg erindrer ikke; for flere år siden.

FJELDBO. Der har været oprør etsteds i Europa, og så har du spist tungt til aften og læst aviser ovenpå.

STENSGÅRD. Den samme isnen, den samme rislen nedad ryggen har jeg følt ikveld. Ja, jeg *skal* gøre fyldest for mig. Jeg vil være røsten –

FJELDBO. Hør, kære Stensgård, du skal standse og tænke dig om. Du vil være røsten, siger du. Godt! Men hvor vil du være røsten? Her i fogderiet? Eller, hvis det kommer højt, her i amtet! Og hvem skal være genlyden, der slår, så stormen vækkes? Jo, folk, som proprietær Monsen og bogtrykker Aslaksen og det fedryggede geni, herr Bastian. Og istedet for de flygtende kejsere og konger vil vi få se gårdbruger Lundestad, som løber efter sin storthingsfuldmagt. Hvad blir så det hele? Det blir, hvad syntes først i drømmen, – spidsborgere i blæst.

STENSGÅRD. I den nærmeste nærhed, ja! Men ingen véd, hvor langt et uvejr slår.

FJELDBO. Sniksnak med dig og dit uvejr! Og når så dertil kommer, at du, blind og besnakket og forlokket, som du er, vender dine våben netop mod det hæderlige og det dygtige iblandt os –

STENSGÅRD. Det er ikke sandt!

FJELDBO. Det er sandt! Monsen på Storli fik tag i dig straks du kom her til bygden; og gør du dig ikke fri for ham, så blir det din ulykke. Kammerherre Bratsberg er en hædersmand; det kan du

stole på. Véd du, hvorfor herr proprietæren har lagt ham
for had? Jo, fordi –

STENSGÅRD. Jeg tåler ikke et ord mere! Ikke et eneste ord, som
fornærmer mine venner!

FJELDBO. Se tilbunds i dig selv, Stensgård! Er herr Mons Monsen
virkelig din ven?

STENSGÅRD. Proprietær Monsen har med al velvilje åbnet sit hus for
mig –

FJELDBO. Han åbner forgæves sit hus for de bedre her.

STENSGÅRD. Å, hvem kalder du de bedre? Nogle
storsnudede embedsmænd! Jeg véd det nok. Men hvad
mig angår, så har man på Storli modtaget mig med
en forekommenhed og en anerkendelse, som –

FJELDBO. Anerkendelse; ja desværre, – der er vi ved kernepunktet.

STENSGÅRD. Aldeles ikke! Jeg er mand for at se uhildet. Proprietær
Monsen har evner, han har læsning, han har sans for de
offentlige anliggender.

FJELDBO. Evner? Å ja, på sin vis. Læsning også; han holder bladene
og har deraf mærket sig, hvilke taler du har holdt, og hvilke
artikler du har skrevet. Og at han har sans for de offentlige
anliggender, det har han naturligvis lagt for dagen ved at
samstemme både i dine taler og i dine avisartikler.

STENSGÅRD. Hør, Fjeldbo, nu kommer igen bundfaldet op i dig. Kan
du da aldrig holde dig fri for dette skidenfærdige i
tankegangen? Hvorfor altid forudsætte enten usle eller
latterlige bevæggrunde? *A*, du mener det ikke! Nu ser du så
trofast ud igen. Jeg vil sige dig det bedste, det rette
kernepunkt. Kender du Ragna?

FJELDBO. Ragna Monsen? Ja; sådan på anden hånd.

STENSGÅRD. Ja, hun kommer undertiden til kammerherrens.

FJELDBO. I al stilhed. Hun og frøken Bratsberg er veninder fra konfirmationstiden.

STENSGÅRD. Og hvad siger du så om hende?

FJELDBO. Jo, efter alt, hvad jeg har hørt, må hun være en meget fortræffelig pige.

STENSGÅRD. Å, du skulde se hende i hjemmet. Hun har ingen anden tanke end de to små søskende. Og hvorledes skal hun ikke have plejet sin moder! Du véd, moderen var sindssyg de sidste år, hun levede.

FJELDBO. Javisst; jeg var selv læge der en tid. Men sig mig, kære ven, jeg skulde dog vel ikke tro at –?

STENSGÅRD. Jo, Fjeldbo, jeg elsker hende virkelig; til dig kan jeg sige det. Ja, jeg skønner godt, hvad der undrer dig. Du finder det påfaldende, at jeg så hurtigt ovenpå –. Ja, du véd jo, jeg har været forlovet i Kristiania?

FJELDBO. Ja, man har fortalt det.

STENSGÅRD. Det hele forhold var en skuffelse. Jeg *måtte* bryde det; det var bedst for alle parter. Du kan tro, jeg har lidt nok under den sag; jeg har følt mig pint og knuget –. Nå, gudskelov, nu er jeg ude af det; det var også min grund til at flytte bort.

FJELDBO. Og ligeoverfor Ragna Monsen er du sikker på dig selv?

STENSGÅRD. Ja, det er jeg, du! Her er ingen fejltagelse mulig.

FJELDBO. Men så i Guds navn, gør alvor af det! Det er en stor lykke! O, jeg kunde sige dig så meget –

STENSGÅRD. Kan du virkelig det? Har hun yttret noget? Til frøken Bratsberg kanske?

FJELDBO. Du forstår mig ikke. Men hvorledes er det muligt, at du midt under alt dette kan gå her og svire i politiske orgier? At *bygdsladderen* kan få indpas i et sind som –

STENSGÅRD. Og hvorfor ikke? Mennesket er da ikke en så aldeles enkelt maskine heller. Jeg er det ialfald ikke. Desuden, netop igennem disse kampe og brydninger går vejen til hende.

FJELDBO. En forbandet triviel vej.

STENSGÅRD. Fjeldbo, jeg er ærgærrig; det véd du godt. Jeg må frem i verden. Når jeg tænker på, at jeg er tredive år, og endnu står ved begyndelsen, så kender jeg samvittighedens tænder i mig.

FJELDBO. Ja, men det er ikke dens visdomstænder.

STENSGÅRD. Det kan ikke nytte at snakke til dig. Du har aldrig følt denne jagende og æggende trang. Du har drevet og dovnet alle dine dage, – som student, til examen, i udlandet, og nu her –

FJELDBO. Å ja, kanske; men det har ialfald været dejligt. Og der følger ingen slappelse efter, som den, man føler, når man stiger ned af bordet, efterat –

STENSGÅRD. Alt andet; men dette tåler jeg minsæl ikke! Du gør en ond gerning med sligt. Du tager løftelsen fra mig –

FJELDBO. Ja, men véd du hvad; når løftelsen sidder så løst –

STENSGÅRD. Lad være, siger jeg! Hvad ret har du til at bryde ind i min lykke? Tror du ikke jeg er ærlig kanske?

FJELDBO. Jo, det ved himlen, jeg tror!

STENSGÅRD. Nå, hvad skal det så til at gøre mig tom og ækkel og mistroisk mod mig selv? *(larm og råb i teltet.)* Hør; hør! De drikker min skål! Hvad der kan gribe så mange, – ved den evige Gud, det *har* sandhed i sig!

(Frøken Bratsberg, frøken Monsen og kandidat Helle fra venstre går over pladsen i mellemgrunden.)

KANDIDAT HELLE *(til frøken Bratsberg).* Se der, frøken; der står netop sagfører Stensgård.

THORA. Ja, så følger jeg ikke længere. Godnat, Ragna! Godnat; godnat!

HELLE og FRØKEN MONSEN. Godnat; godnat!

(de går ud til højre.)

THORA *(nærmere).* Jeg er jernværksejer Bratsbergs datter. Jeg har et brev til Dem fra faer.

STENSGÅRD. Til mig –?
THORA. Vær så god; her er det.
(vil gå.)
FJELDBO. Får jeg ikke lov at følge?
THORA. Nej tak; følg ikke. Godnat!
(ud til venstre.)
STENSGÅRD *(læser ved en papirlygte).* Hvad for noget?
FJELDBO. Men, kære, – hvad skriver kammerherren?
STENSGÅRD *(brister i latter).* Det havde jeg dog ikke ventet!
FJELDBO. Men sig mig da –?
STENSGÅRD. Kammerherre Bratsberg er en ynkelig karl.
FJELDBO. Og det vover du –
STENSGÅRD. Usel; usel! Sig det igen til hvem du vil. Nå, lad forresten være. *(gemmer brevet.)* Det blir imellem os!
(Forsamlingen kommer ud af teltet.)
PROPRIETÆR MONSEN. Herr formand! Hvor er herr Stensgård?
MÆNGDEN. Der står han! Hurra!
LUNDESTAD. Herr overretssagføreren har glemt sin hat.
(rækker ham den.)
BOGTRYKKER ASLAKSEN. Værsågod; her er punsch! En hel bolle!
STENSGÅRD. Tak; ikke mere.
MONSEN. Og så husker vel medlemmerne, at imorgen samles vi på Storli hos mig for at –
STENSGÅRD. Imorgen? Nej, det var jo ikke imorgen –?
MONSEN. Jo visst; for at vedtage den rundskrivelse, som –
STENSGÅRD. Nej, imorgen kan jeg sandelig ikke godt –. Jeg skal se iovermorgen eller dagen derefter. Nå, godnat, mine herrer; hjertelig tak for idag, og hurra for fremtiden!
MÆNGDEN. Hurra! Vi følger ham hjem?
STENSGÅRD. Tak; tak! De må endelig ikke –
ASLAKSEN. Vi følger Dem allesammen.

STENSGÅRD. Lad gå. Godnat, Fjeldbo; ja, for du følger vel ikke?
FJELDBO. Nej. Men det vil jeg sige dig, at hvad du yttred om kammerherre Bratsberg –
STENSGÅRD. Hys, hys; det var overdrevet i udtrykket. En streg over det! – Nå ja, mine ærede venner, vil I være med, så kom; jeg går i spidsen.
MONSEN. Deres arm, Stensgård.
BASTIAN. Sangere! Stem i! Noget rigtig fædrelandsk!
MÆNGDEN. Sang; sang! Musik!
(En folkesang spilles og synges. Toget marscherer ud til højre i baggrunden.)
FJELDBO *(til Lundestad, som er bleven tilbage)*. Et stadseligt følge.
LUNDESTAD. Å ja. Men en stadselig fører også.
FJELDBO. Og hvor går så De, herr Lundestad?
LUNDESTAD. Jeg? Jeg går hjem og lægger mig.
(han hilser og går. Doktor Fjeldbo blir alene tilbage.)
(Teppet falder.)

ANDEN AKT

(Havestue hos kammerherrens. Elegante møbler, pianoforte, blomster og sjeldne planter. Indgangsdør i baggrunden. På venstre side dør til spisesalen; til højre flere åbne glasdøre ud til haven.)
(Bogtrykker Aslaksen står ved indgangsdøren. En pige er ifærd med at bære et par frugtskåler ind til venstre.)
PIGEN. Ja, men De hører jo, selskabet sidder tilbords endnu. De må komme igen siden.
ASLAKSEN. Nej, får jeg så heller lov til at vente?
PIGEN. Ja, hvis De heller vil det. De kan sætte Dem *der* sålænge.

31

(hun går ind i spisesalen. Aslaksen sætter sig ved døren. Ophold. Doktor Fjeldbo kommer fra baggrunden.)

FJELDBO. Nå, goddag, Aslaksen; er De her?

PIGEN *(kommer tilbage).* Å, hvor sent doktoren kommer!

FJELDBO. Jeg blev kaldt ud i sygebesøg.

PIGEN. Både kammerherren og frøkenen har spurgt så meget efter Dem.

FJELDBO. Så det har de?

PIGEN. Ja doktoren må endelig gå ind. Eller skal jeg kanske sige til at –?

FJELDBO. Nej, nej; lad være. Jeg skal altid få en bid mad sidenefter; nu venter jeg her sålænge.

PIGEN. Ja, de er snart færdige.

(hun går ud i baggrunden.)

ASLAKSEN *(lidt efter).* Og De kan lade sligt gæstebudsbord gå fra Dem, – med kage og fin vin og alt godt?

FJELDBO. Ja, for pokker, man får snarere formeget end for lidt af det gode her i egnen.

ASLAKSEN. Det kan jeg ikke være enig med Dem i.

FJELDBO. Hm. Men sig mig, – det er nogen, De venter på?

ASLAKSEN. Det er nogen, jeg venter på, ja!

FJELDBO. Og hjemme står det tåleligt til? Deres kone –?

ASLAKSEN. Ligger tilsengs som sædvanligt; hoster og tæres væk.

FJELDBO. Og den næstældste?

ASLAKSEN. Å, han er og blir nu vanfør; det véd De jo. Det skal så være for os; – hvad fanden kan det nytte at snakke om sligt!

FJELDBO. Lad mig se på Dem, Aslaksen!

ASLAKSEN. Nå; hvad vil De se?

FJELDBO. Idag har De drukket.

ASLAKSEN. Det gjorde jeg igår også.

FJELDBO. Igår; ja, det fik endda så være; men idag og –

Aslaksen. End de derinde da? Jeg synes de også drikker.
Fjeldbo. Ja, kære Aslaksen, De har ret på en måde; men vilkårene er nu så forskellige her i verden.
Aslaksen. Jeg har ikke valgt mine vilkår.
Fjeldbo. Nej, Vorherre har valgt for Dem.
Aslaksen. Nej, det har han ikke. Det er mennesker, som har valgt. Daniel Hejre valgte, da han tog mig ud af trykkeriet og satte mig til at studere. Og kammerherre Bratsberg valgte, da han ruinerte Daniel Hejre, så jeg måtte gå tilbage til trykkeriet igen.
Fjeldbo. Nu taler De mod bedre vidende. Kammerherre Bratsberg har aldrig ruineret Daniel Hejre; Daniel Hejre ruinerte sig selv.
Aslaksen. Lad gå! Men hvor turde Daniel Hejre ruinere sig selv, når han havde sligt ansvar mod mig? Vorherre har også sin skyld, forstår sig. Hvorfor skulde han give mig evner og anlæg? Nå, dem kunde jeg da endelig brugt som en skikkelig håndværksmand; men så kommer den gamle sludderbøtte –
Fjeldbo. Det er stygt, hvad De der siger. Daniel Hejre tog sig dog visst af Dem i den bedste mening.
Aslaksen. Ja, hans gode mening kan s'gu lidet hjælpe mig. – Derinde, hvor de nu sidder og klinker og drikker skåler, der sad jeg også; var som en af de andre; var fint opklædt –! Det var vel noget for mig, det; for mig, som havde læst så mangt, og som havde tørstet så længe efter at få del i alt det, som herligt er i verden. Jo, pyt! Hvor længe var Jeppe i paradis? Knald og fald, ud af det igen; – hele herligheden faldt i fisk, som vi siger i trykkeriet.
Fjeldbo. Ja-ja; men De var jo dog ikke så slemt stillet; De havde jo Deres håndværk at ty til.
Aslaksen. Det er en god snak, det. Efter sligt noget er ens stand ikke længere ens stand. De tog fodfæstet væk under mig og satte mig ud på en glat is, – og så må jeg endda høre slængord,

fordi jeg snubler.

FJELDBO. Nå; jeg vil visselig ikke gå hårdt irette med Dem –

ASLAKSEN. Nej, det gør De også ret i. – Det er et underligt røre! Daniel Hejre og forsynet og kammerherren og skæbnen og omstændighederne – og jeg selv også! jeg har tidt tænkt på at klare det ud fra hinanden og skrive en bog om det; men det er så forbandet indfiltret at – *(skotter mod døren til venstre.)* Se så; nu går de fra bordet.

(Selskabet, damer og herrer, går under munter samtale fra spisesalen ud i haven. Mellem gæsterne er sagfører Stensgård med Thora under den venstre og Selma under den højre arm. Doktor Fjeldbo og bogtrykker Aslaksen står oppe ved døren i baggrunden.)

STENSGÅRD. Ja, jeg er jo fremmed her; damerne får sige, hvor jeg skal føre Dem hen.

SELMA. Ud i det fri; De må se haven.

STENSGÅRD. O ja, det skulde være dejligt!

(ud gennem den forreste glasdør til højre.)

FJELDBO. Men i Guds navn, det var jo Stensgård!

ASLAKSEN. Ja, det er ham, jeg skal have fat i. Jeg har rendt længe nok efter ham; heldigvis traf jeg da Daniel Hejre –

(Daniel Hejre og Erik Bratsberg kommer fra spisesalen.)

DANIEL HEJRE. He-he; det var minsæl en excellent Sherry! Jeg har ikke smagt magen, siden jeg var i London.

ERIK BRATSBERG. Ja, ikke sandt? Den kan live et menneske op?

DANIEL HEJRE. Ak, ak; det er en sand fryd at se sine penge så vel anvendte!

ERIK BRATSBERG. Hvorledes? *(leende.)* Nå; ja, ja vel, ja!

(de går ud i haven.)

FJELDBO. De skal tale med Stensgård, siger De?

ASLAKSEN. Jeg skal så.

FJELDBO. I forretninger?
ASLAKSEN. Forstår sig; festberetningen i bladet –
FJELDBO. Ja, véd De hvad, – så må De vente derude sålænge –
ASLAKSEN. Ude i gangen?
FJELDBO. I forstuen, ja! Her er hverken tid eller sted –; jeg skal passe på, når Stensgård blir et øjeblik alene; hører De –!
ASLAKSEN. Bevares vel; jeg skal vente til min tid kommer. *(går ud i baggrunden.)*
(Kammerherre Bratsberg, gårdbruger Lundestad, værksforvalter Ringdal og et par andre herrer fra spisesalen.)
KAMMERHERREN *(i samtale, til Lundestad).* Uvorrent, siger De? Nu, formen vil jeg ikke videre opholde mig ved; men der var guldkorn i den tale; det kan jeg forsikkre Dem.
LUNDESTAD. Ja-ja; når kammerherren er fornøjet, så kan sagtens jeg være det.
KAMMERHERREN. Det skulde jeg også mene. Nå, der har vi da doktoren! Og med en tom mave sandsynligvis?
FJELDBO. Siger intet, herr kammerherre; her er ikke langt til spisekammeret; – jeg betragter mig halvvejs som hjemme i huset.
KAMMERHERREN. Se, se; gør De det? Det skulde De dog ikke gøre før tiden.
FJELDBO. Hvorledes? De tager det da vel ikke ilde op? De har jo selv tilladt mig –
KAMMERHERREN. Hvad jeg har tilladt Dem, det er tilladt. – Nå, nå; betragt De Dem som hjemme, og se De kan finde vejen til spisekammeret. *(slår ham let på skuldren og vender sig til Lundestad.)* Se, *det* er en; *ham* kan De kalde en lykkejæger og – og det andet, som jeg ikke husker.
FJELDBO. Men, herr kammerherre!
LUNDESTAD. Nej, jeg forsikkrer –

KAMMERHERREN. Ingen disputer ovenpå maden; det er ikke tjenligt. Nu får vi snart kaffeen derud.
(går med gæsterne ned i haven.)
LUNDESTAD *(til Fjeldbo).* Skulde De hørt så underlig, som kammerherren er idag?
FJELDBO. Det mærkede jeg allerede igåraftes.
LUNDESTAD. Tænk, han vil endelig, at jeg skal have kaldt herr Stensgård for en lykkejæger og sligt noget!
FJELDBO. Å, pyt, herr Lundestad; om nu så var? Men undskyld; jeg må ned og hilse på husets damer.
(går ud til højre.)
LUNDESTAD *(til Ringdal, som ordner et spillebord).* Hvorledes hænger det dog sammen, at sagfører Stensgård kommer her?
RINGDAL. Ja, sig De mig det. Han stod ikke på listen fra først af.
LUNDESTAD. Altså bagefter? Efter den tiltale, kammerherren fik igår –?
RINGDAL. Ja, kan De skønne sligt?
LUNDESTAD. Skønne det? Å jo; å jo.
RINGDAL *(sagtere).* Mener De, kammerherren er ræd for ham?
LUNDESTAD. Jeg mener, han er varsom, – mener jeg.
(de går samtalende op mod baggrunden og derpå ud i haven; på samme tid kommer Selma og Stensgård frem i den forreste havedør.)
SELMA. Jo, vil De nu se; der borte over trætoppene skimter vi både kirketårnet og hele den øverste del af byen.
STENSGÅRD. Ja virkelig; det havde jeg ikke troet.
SELMA. Synes De ikke udsigten heroppefra er dejlig?
STENSGÅRD. Alting er dejligt her; haven og udsigten og solskinnet og menneskene! O, du gode Gud, hvor det altsammen er dejligt! Og her bor De hele sommeren?
SELMA. Nej, ikke jeg og min mand; vi kommer og går. Vi har et stort

prægtigt hus inde i byen, meget prægtigere end her; ja, De skal nok få se det.

STENSGÅRD. Og Deres familje bor kanske også i byen?

SELMA. Familje? Hvem skulde den familje være?

STENSGÅRD. Ja, jeg vidste ikke –

SELMA. Vi eventyrprinsesser har ingen familje.

STENSGÅRD. Eventyrprinsesser?

SELMA. Idethøjeste har vi kun sådan en ond stedmoder –

STENSGÅRD. En heks, ja! Og De er altså prinsesse?

SELMA. Over alle de sunkne slotte, hvor det spiller om thorsdagsnatten. Doktor Fjeldbo mener, det må være en meget *hehagelig* livsstilling; men, – ja, nu skal De høre –

ERIK BRATSBERG *(fra haven)*. Nå, endelig finder man da den lille frue!

SELMA. Ja, fruen fortæller herr Stensgård sit levnetsløb.

ERIK BRATSBERG. Se, se; og hvad figur spiller ægtemanden i fruens levnetsløb?

SELMA. Prins, naturligvis. *(til Stensgård.)* De véd, der kommer altid en prins og løser trolddommen, og så er alting godt og vel, og så er der glæde og gratulation i verden, og så er eventyret ude.

STENSGÅRD. Å; det var for kort.

SELMA. Ja kanske, – på en måde.

ERIK BRATSBERG *(slår armen om hende)*. Men ud af det eventyr spandt der sig et nyt, og der blev prinsessen dronning!

SELMA. På samme vilkår, som de rigtige prinsesser?

ERIK BRATSBERG. Hvilke vilkår?

SELMA. De må udenlands; bort til et fremmed rige.

ERIK BRATSBERG. En cigar, herr Stensgård?

STENSGÅRD. Tak; ikke nu.

(Doktor Fjeldbo og Thora fra haven.)

SELMA *(imod dem)*. Kære Thora, er du der! Du er da vel ikke syg?

THORA. Jeg? Nej.

SELMA. Jo, jo; det er du visst; jeg synes, du konsulerer doktoren så ivrigt i de sidste dage.

THORA. Nej, jeg forsikkrer dig –

SELMA. Snak; lad mig føle! Du brænder. Kære doktor, tror De ikke den hede går over.

FJELDBO. Alting skal have sin tid.

THORA. Frost er da heller ikke bedre –

SELMA. Nej, den jævne middelvarme, – så siger min mand også.

KAMMERHERREN *(kommer fra haven)*. Hele familjen samlet i fortrolig klynge? Det er just ikke meget høfligt mod gæsterne.

THORA. Kære faer, nu skal jeg straks –

KAMMERHERREN. Aha, det er Dem, damerne gør kur til, herr Stensgård. Det skal jeg besørge.

THORA *(sagte til Fjeldbo)*. Bliv!

(hun går ud i haven.)

ERIK BRATSBERG *(byder Selma armen)* Har fruen noget imod –?

SELMA. Kom!

(begge ud til højre.)

KAMMERHERREN *(ser efter dem)*. At få de to skilt ad, det er nu ikke til at tænke på.

FJELDBO. Det vilde også være en syndig tanke.

KAMMERHERREN. Ja, hvorledes dog Vorherre er dårernes formynder!

(råber ud.) Thora, Thora, så hav dog et øje med Selma! Hent et shawl til hende; og lad hende ikke løbe således omkring; hun forkøler sig! Ja, vi mennesker er kortsynte, doktor! Véd De noget middel mod den fejl?

FJELDBO. Ja; lærepengene. Dem skal man anbringe bag øret, så ser man klarere en anden gang.

KAMMERHERREN. Ej-ej! Tak for det råd. Men De, som regner Dem for hjemme her, De skal såmæn også tage Dem lidt af Deres fremmede.

FJELDBO. Ja, vel; Stensgård, skal kanske vi to –?

KAMMERHERREN. Å nej, kære, – derude går min gamle ven, Hejre –

FJELDBO. Ja, han regner sig også for hjemme her.

KAMMERHERREN. Ha, ha, ha! Han gør så, ja!

FJELDBO. Nå, vi to skal slå os sammen og prøve vort bedste.

(går ud i haven.)

STENSGÅRD. Herr kammerherren nævnte Daniel Hejre. Jeg må sige, jeg blev forundret over at se ham her.

KAMMERHERREN. Gjorde De det? Herr Hejre og jeg er skolekammerater og ungdomsvenner. Vi har desuden stødt sammen i såmange livsforholde –

STENSGÅRD. Ja, om de sammenstød gav herr Hejre adskilligt tilbedste igåraftes.

KAMMERHERREN. Hm!

STENSGÅRD. Havde han ikke været, så skulde jeg visselig ikke således i min stemning kogt over, som jeg gjorde. Men han har en måde at omtale personer og begivenheder på, som –; idetheletaget, der sidder en slem mund på ham.

KAMMERHERREN. Min kære unge ven, – herr Hejre er min gæst; det får De ikke lov at glemme. Fuld frihed i mit hus; men med forbehold: intet uridderligt i omtale af dem, jeg omgåes.

STENSGÅRD. Jeg beer meget om forladelse –!

KAMMERHERREN. Nå, nå, nå; De hører til den unge slægt, som ikke regner det så nøje. Hvad herr Hejre angår, så tvivler jeg på, at De kender ham tilbunds. Herr Hejre er ialfald en mand, hvem jeg skylder overmåde meget.

STENSGÅRD. Ja, det påstod han rigtignok; men jeg troede ikke, at –

KAMMERHERREN. Jeg skylder ham det bedste af vor familjelykke, herr Stensgård! Jeg skylder ham min svigerdatter. Ja, det er virkelig så. Daniel Hejre tog sig af hende i hendes barndom; hun var et lidt vidunder; gav allerede koncerter ti år gammel; ja, De har da visst hørt hende nævne? Selma Sjøblom –?

STENSGÅRD. Sjøblom? Ja, ganske visst; hendes fader var svensk.

KAMMERHERREN. Musiklærer, ja! Han kom hertil for en hel del år siden. En musikers kår er, som De véd, i regelen ikke de bedste; og hans livsvaner er vel heller ikke altid til fromme for –; nå, herr Hejre har stedse været en talentjæger; han tog sig af barnet, fik hende sendt til Berlin; og da så faderen var død og Hejres formuesforfatning havde forandret sig, kom hun tilbage til Kristiania, hvor hun naturligvis snart blev optagen i de bedste kredse. Derved, ser De, blev der en mulighed for at hun og min søn kunde støde sammen.

STENSGÅRD. Ja, på den vis har gamle Daniel Hejre rigtignok været et redskab –

KAMMERHERREN. Således griber det ene ind i det andet her i livet. Redskaber, det er vi allesammen; De også; det vil da sige, et nedbrydende –

STENSGÅRD. Å, herr kammerherre, jeg beer Dem; jeg er ganske skamfuld –

KAMMERHERREN. Skamfuld?

STENSGÅRD. Ja, det var i højeste grad upassende –

KAMMERHERREN. Mod formen kunde der måske være et og andet at indvende, men meningen var god. Og det vil jeg bede Dem om: når De herefter har noget på hjerte, så kom til mig; tal åbent med mig, ærligt og ligefrem. Ser De, vi vil jo dog alle det bedste; det er jo min pligt –

STENSGÅRD. Og De tillader, at jeg taler åbent med Dem?

KAMMERHERREN. Ja, det ved Gud, jeg gør. Tror De ikke, jeg længe har set, at livet her på visse hold har taget en retning, som er alt

andet end ønskelig? Men hvad skulde jeg gøre? I højsalig kong
Carl Johans tid levede jeg for det meste i Stockholm. Nu er jeg
gammel; det er desuden min natur imod at bryde frem med
reformer, eller at blande mig personligtind i hele dette
offentlige røre. De derimod, herr Stensgård, De har alle
betingelser; derfor vil vi holde sammen.

STENSGÅRD. Tak, herr kammerherre! Tak, tak!

(Værksforvalter Ringdal og Daniel Hejre fra haven.)

RINGDAL. Og jeg siger Dem, det må være en misforståelse.

DANIEL HEJRE. Ja så? Det var løjerligt! Jeg skulde misforstå mine egne øren?

KAMMERHERREN. Noget nyt, Hejre?

DANIEL HEJRE. Ikke andet, end at Anders Lundestad er ifærd med at gå over til Storlipartiet.

KAMMERHERREN. Å; nu spaser du!

DANIEL HEJRE. Beer om forladelse, højstærede; har det fra hans egen mund. Gårdbruger Lundestad agter på grund af svækket helbredstilstand at træde tilbage i privatlivet; og så kan man jo slutte sig til resten.

STENSGÅRD. Og det har De fra hans egen mund?

DANIEL HEJRE. Ja såmæn; han forkyndte den vigtige begivenhed midt i en lyttende klynge dernede; he-he!

KAMMERHERREN. Men, min gode Ringdal, hvorledes kan dette hænge sammen?

DANIEL HEJRE. Å, det er da ikke vanskeligt at gætte.

KAMMERHERREN. Jo, tilforladelig. Men dette er jo en stor sag for distriktet. Kom med, Ringdal; vi må sandelig tale med manden. *(han og Ringdal går ned i haven.)*

DOKTOR FJELDBO *(fra den bageste havedør).* Er kammerherren gået ud?

DANIEL HEJRE. Hys; de vise skal holde råd! Stor nyhed, doktor!

Lundestad frasiger sig storthingshvervet.

FJELDBO. Å, det er ikke muligt?

STENSGÅRD. Ja, kan du begribe det?

DANIEL HEJRE. Jo, nu blir her røre og rummel. Det er de unges forbund, som begynder at virke, herr Stensgård! Véd De, hvad De skulde kalde den forening? Ja, jeg skal sige Dem det siden.

STENSGÅRD. Tror De virkelig, det er vort forbund –?

DANIEL HEJRE. Det er der minsæl ingen tvivl om. Nå, så får vi altså dog den glæde at skikke herr proprietariussen afgårde som storthingsmand. Å, gid han allerede var afgårde! – jeg skulde såmæn gerne skydse ham –; noksagt; he-he!

(går ud i haven.)

STENSGÅRD. Men sig mig, Fjeldbo, – hvorledes rimer du alt dette sammen?

FJELDBO. Der er andre ting, som er vanskeligere at rime sammen. Hvorledes kommer du her?

STENSGÅRD. Jeg? Ligesom de øvrige, naturligvis; jeg er indbuden.

FJELDBO. Ja, det blev du igåraftes, hører jeg; – efter din tale –

STENSGÅRD. Nu ja?

FJELDBO. Men at du modtog den indbydelse –!

STENSGÅRD. Ja, hvad fanden skulde jeg gøre? Jeg kunde da ikke fornærme de skikkelige mennesker.

FJELDBO. Så! Kunde du ikke det? I din tale kunde du det dog.

STENSGÅRD. Snak! I min tale var det principer, jeg angreb, ikke personer.

FJELDBO. Og hvorledes forklarer du nu kammerherrens indbydelse?

STENSGÅRD. Ja, kære ven, der er jo kun én måde at forklare den på.

FJELDBO. Nemlig, at kammerherren er bange for dig?

STENSGÅRD. Han skal, ved Gud, ikke få grund til det! Han er en hædersmand.

FJELDBO. Det er han.

STENSGÅRD. Og ligger der ikke noget rørende i, at den gamle mand tager sagen på den måde? Og hvor frøken Bratsberg var dejlig, da hun bragte brevet!

FJELDBO. Men sig mig, – optrinet fra igår er da vel ikke kommet på tale her?

STENSGÅRD. Å langtfra; de er altfor dannede mennesker til at røre ved sligt. Men det bider mig i samvittigheden; siden vil jeg gøre en undskyldning –

FJELDBO. Nej, det må jeg bestemt fraråde! Du kender ikke kammerherren –

STENSGÅRD. Ja-ja; så skal mine handlinger tale for mig.

FJELDBO. Du vil da ikke bryde med Storlifolket?

STENSGÅRD. Jeg vil bringe en udsoning tilveje; jeg har jo min forening; den er allerede en magt, som du ser.

FJELDBO. Ja, men én ting, mens jeg husker det; – din kærlighed til frøken Monsen –; jeg råded dig igår til at gøre alvor af den sag –

STENSGÅRD. Ja, ja, det kan vi altid –

FJELDBO. Nej, hør; jeg har tænkt nøjere over det. Du skal slå den plan af tankerne.

STENSGÅRD. Ja, det tror jeg du har ret i. Gifter man sig ind i en udannet familje, så gifter man sig på en måde med hele familjen.

FJELDBO. Å ja; både af den og af andre grunde –

STENSGÅRD. Monsen *er* en udannet person, det ser jeg nu.

FJELDBO. Ja, han er just ingen beleven mand.

STENSGÅRD. Nej, det er s'gu visst! Han går og taler ilde om folk, som han ser i sit hus; det er uridderligt. På Storli lugter der af dårlig tobak i alle stuer –

FJELDBO. Men, kære, – at du ikke har mærket den tobakslugt, før nu –?

STENSGÅRD. Det er sammenligningen, som gør det. Jeg kom på en falsk fod her i bygden fra første færd af. Jeg faldt i kløerne på partigængere, som tuded mig ørerne fulde. Det skal være forbi! Jeg vil ikke gå her og slide mig op som redskab for egennytte eller for råhed og dumhed.

FJELDBO. Men hvad vil du så bruge din forening til?

STENSGÅRD. Foreningen blir uforandret; den er grundlagt på en så temmelig bred basis; – ja, det vil sige, den er stiftet til at modarbejde slette indflydelser; – jeg ser først nu, fra hvilken kant de indflydelser kommer.

FJELDBO. Men tror du «de unge» vil se det samme?

STENSGÅRD. Det *skal* de. Jeg tør vel forlange, at slige karle retter sig efter min bedre indsigt.

FJELDBO. Men hvis de nu ikke vil?

STENSGÅRD. Så kan de gå sin egen gang. Jeg behøver dem ikke længere. Og mener du desuden, at jeg, i halsstarrig blindhed, og for et uselt konsekventsmageris skyld, skulde lade min fremtid glide ind i et fejl spor og aldrig komme til målet?

FJELDBO. Hvad mener du med målet?

STENSGÅRD. Et liv, som svarer til mine evner, og som fylder alle mine interesser ud.

FJELDBO. Ingen svævende talemåder! Hvad mener du med målet?

STENSGÅRD. Nå, til dig kan jeg sagtens sige det. Med målet mener jeg: engang i tiden at blive storthingsmand eller statsråd, og at blive lykkelig gift i en rig og anset familje.

FJELDBO. Se, se; og så tænker du, ved hjælp af kammerherrens forbindelser, –?

STENSGÅRD. Ved hjælp af mig selv tænker jeg at nå det! Det vil komme og det skal komme; men ganske af sig selv. Nå, det har forresten lange udsigter; – lad det kun! Indtil da vil jeg leve og nyde her i skønhed og solskin –

FJELDBO. Her?

STENSGÅRD. Ja, her! Her er fine sæder; her er ynde over tilværelsen; her er gulvet lagt ligesom blot til at trædes på af lakerte støvler; her er lænestolene dybe, og damerne sidder smukt i dem; her går samtalen let og elegant, som en kasteleg; her plumper ingen råhed ind og gør selskabet stille. Å, Fjeldbo, – her først føler jeg hvad fornemhed er. Ja, vi hardog virkelig vor adel; en liden kreds; en adel i dannelse; og den vil jeg tilhøre. Føler du ikke selv, at man luttres her? At rigdommen her er af et andet slags? Når jeg tænker på Monsens rigdom, så forestiller jeg mig den i skikkelse af store bunker fedtede papirsedler, af ølsmudsede panteobligationer; – men her, her er det metal, skinnende sølv! Ogmed menneskene er det ligedan. Kammerherren, – hvilken prægtig, fin gammel gubbe!

FJELDBO. Det er han.

STENSGÅRD. Og sønnen, – djerv, ligefrem, dygtig!

FJELDBO. Ganske visst.

STENSGÅRD. Og svigerdatteren, du! Hun er en perle! – gode Gud, hvilken rig og ejendommelig natur –

FJELDBO. Det har Thora – det har frøken Bratsberg også.

STENSGÅRD. Ja vel; men se, hun er nu mindre betydelig.

FJELDBO. Å, du kender hende ikke. Du véd ikke, hvor hun er dyb og stille og trofast.

STENSGÅRD. Men svigerdatteren da! Så ligefrem, næsten hensynsløs; og så anerkendende, så erobrende –!

FJELDBO. Jeg tror virkelig, du er forelsket i hende.

STENSGÅRD. I en gift kone? Er du gal, menneske! Hvad skulde det føre til? Nej, men jeg blir forelsket; det føler jeg godt. Ja, hun er rigtignok dyb, stille og trofast!

FJELDBO. Hvem?

STENSGÅRD. Frøken Bratsberg, naturligvis.

FJELDBO. Hvad for noget? Du tænker da vel aldrig på –?

STENSGÅRD. Jo, det ved Gud, jeg gør!
FJELDBO. Nej, men jeg forsikkrer dig, det går aldeles ikke an!
STENSGÅRD. Ho-ho! Viljen er en verdensmagt, du! Vi skal se, det går an.
FJELDBO. Men dette er jo den rene skære letsindighed! Igår var det frøken Monsen –
STENSGÅRD. Ja, se, *det* var en overilelse; men det frarådede du mig jo selv –
FJELDBO. Jeg fraråder dig på det bestemteste at tænke på nogen af dem.
STENSGÅRD. Så? Du agter kanske selv at erklære dig for en af dem?
FJELDBO. Jeg? Nej, det forsikkrer jeg dig –
STENSGÅRD. Ja, det skulde nu heller ikke have holdt mig tilbage, om så var. Vil man stå mig ivejen, vil man spærre fremtiden for mig, så kender jeg ingen hensyn.
FJELDBO. Vogt dig, at ikke jeg siger det samme!
STENSGÅRD. Du! Hvad ret har du til at gøre dig til formynder og værge for kammerherre Bratsbergs familje?
FJELDBO. Jeg har en vens ret idetmindste.
STENSGÅRD. Pyt; den snak fanger du ikke mig med. Du har egennyttens ret, har du! Det tilfredsstiller din smålige forfængelighed at gå og være pot og pande her i huset; derfor skal jeg holdes borte.
FJELDBO. Ja, det var det bedste, som kunde times dig. Du står her på en hul grund.
STENSGÅRD. Gør jeg virkelig? Tusend tak! Den grund skal jeg vide at bygge støtter under.
FJELDBO. Prøv; men jeg spår dig, det ramler forinden.
STENSGÅRD. Hå-hå! Du har rævestreger bag øret? Godt, at det kom for dagen. Jeg kender dig nu; du er min uven; den eneste, jeg har her.

FJELDBO. Det er jeg ikke!

STENSGÅRD. Det er du! Du har altid været det; lige fra skoletiden. Se dig omkring her, hvorledes alle anerkender mig, uagtet jeg er fremmed for dem. Du derimod, du, som kender mig, du har aldrig anerkendt mig. Det er overhovedet det usle ved dig, at du aldrig kan anerkende nogen; du har gået derinde i Kristiania og drevet om i thevandsselskaber og fyldt tilværelsen med at sige småvittigheder. Sligt hævner sig, du! Sansen for det, som er mere værd i livet, – for det, som der er løftelse og flugt i, den sløves, og så står man der og duer til ingenting.

FJELDBO. Duer jeg til ingenting.

STENSGÅRD. Har du nogensinde duet til at anerkende mig?

FJELDBO. *Hvad* skal jeg da anerkende?

STENSGÅRD. Min vilje, om ikke andet. Den anerkendes af alle de andre; – af det menige folk ved festen igår, af kammerherre Bratsberg og hans familje –

FJELDBO. Af proprietær Monsen og hans dito, af –; død og plage, det er sandt, – herude står en og venter på dig –

STENSGÅRD. Hvem er det?

FJELDBO *(går mod baggrunden)*. En, som anerkender dig. *(åbner døren og kalder.)* Aslaksen, kom ind!

STENSGÅRD. Aslaksen?

ASLAKSEN *(kommer)*. Nå, endelig da!

FJELDBO. På gensyn; jeg skal ikke forstyrre vennerne. *(går ud i haven.)*

STENSGÅRD. Men hvad i pokkers navn vil De her?

ASLAKSEN. Jeg må nødvendig tale med Dem. De lovte mig igår en beretning om foreningens stiftelse og –

STENSGÅRD. Den kan ikke komme –; det må vi vente med til en anden gang.

ASLAKSEN. Umuligt, herr Stensgård; avisen skal ud imorgen tidlig –

STENSGÅRD. Sniksnak! Det hele må forandres. Sagen er trådt ind i et nyt stadium; her er kommet andre momenter til. Hvad jeg yttrede om kammerherre Bratsberg, må aldeles omredigeres, før det kan bruges.

ASLAKSEN. Nej, det om kammerherren, det er allerede trykt.

STENSGÅRD. Nå, så ud med det igen!

ASLAKSEN. Ud med det?

STENSGÅRD. Ja, jeg vil ikke ha'e det på den måde. De ser på mig? Tror De ikke jeg forstår at styre foreningens anliggender, kanske?

ASLAKSEN. Jo, gudbevares; men jeg må bare sige Dem –

STENSGÅRD. Ingen indvendinger, Aslaksen; sligt tåler jeg minsæl ikke!

ASLAKSEN. Herr sagfører Stensgård, véd De, at den smule tørre brød, jeg har, den sætter De på spil? Véd De det?

STENSGÅRD. Nej, det véd jeg sletikke.

ASLAKSEN. Jo, så er det. I vinter, før De kom hertil, var mit blad i opkomst. Jeg redigerte det selv, skal jeg sige Dem; og jeg redigerte det med princip.

STENSGÅRD. De?

ASLAKSEN. Ja, jeg! Jeg sagde til mig selv: det er det store publikum, som skal bære et blad; men det store publikum er det slette publikum, – det ligger nu i de lokale forholde; og det slette publikum vil have et slet blad. Se, så redigerte jeg bladet –

STENSGÅRD. Slet! Ja, det er ubestrideligt.

ASLAKSEN. Ja, og det stod jeg mig på. Men så kom De og indførte ideer i distriktet; og så fik bladet en farve, og derfor faldt alle Anders Lundestads venner fra; de, som er tilbage, de betaler slet –

STENSGÅRD. Ja, men bladet blev godt.

ASLAKSEN. Jeg kan ikke leve af et godt blad. Nu skulde her vækkes røre; her skulde gøres ende på, som De lovte igår; stormændene skulde stilles i gabestokken; der skulde komme slige ting ind, som alle måtte læse, – og så svigter De –

STENSGÅRD. Ho-ho! De mener, jeg skulde tjene Dem og skandalen? Nej, mange tak, min gode mand!

ASLAKSEN. Herr sagfører Stensgård, De må ikke drive mig til det yderste, for ellers går det galt.

STENSGÅRD. Hvad mener De med det?

ASLAKSEN. Jeg mener, at jeg så må gøre bladet indbringende på en anden vis. Gud skal vide, jeg gør det ikke med lyst. Før De kom, ernærte jeg mig redeligt med ulykkelige hændelser og selvmord og slige uskyldige ting, som tidt ikke var passeret engang. Men nu har De fået vendt op og ned på det altsammen; nu må her anden kost til –

STENSGÅRD. Ja, det vil jeg bare sige Dem: går De på egen hånd, går De et skridt udenfor mine ordre og gør bevægelsen her til et middel for Deres smudsige egennytte, så går jeg til bogtrykker Alm og stifter et nyt blad. Vi har penge, vi, ser De! Og så skal Deres avislap være ødelagt inden fjorten dage.

ASLAKSEN *(bleg)*. Det gør De ikke!

STENSGÅRD. Jo, det gør jeg; og jeg skal være mand for at redigere bladet, så det får det store publikum for sig.

ASLAKSEN. Så går jeg i denne stund *til* kammerherre Bratsberg –

STENSGÅRD. De? Hvad vil De der?

ASLAKSEN. Hvad vil De her? Tror De ikke jeg skønner, hvorfor kammerherren har bedt Dem? Det er, fordi han er ræd for Dem og for hvad De vil gøre; og det drager De nytte af. Men er han ræd for hvad De vil gøre, så er han vel også ræd for hvad jeg vil trykke; og det vil *jeg* drage nytte af!

STENSGÅRD. Det skulde De vove? De! Slig en stymper –!

ASLAKSEN. Ja, det skal jeg vise Dem. Skal Deres skåltale ud af bladet,

så skal kammerherren betale mig for at ta'e den ud.
STENSGÅRD. Vov det; vov det bare! De er drukken, menneske –!
ASLAKSEN. Ikke mere end til måde. Men jeg blir som en løve, når man vil tage den fattige brødbid fra mig. De kan ikke sætte Dem ind i, hvorledes jeg har det hjemme; en sengeliggende kone, et vanført barn –
STENSGÅRD. Pak Dem! Vil De søle mig ned i Deres gemenhed? Hvad kommer Deres værkbrudne koner og vanskabte unger mig ved? Vover De at stille Dem ivejen for mig, understår De Dem bare at spærre en eneste udsigt, så skal De komme til at ligge på fattigkassen før året er omme!
ASLAKSEN. Jeg skal vente en dag –
STENSGÅRD. Nå; De begynder at få fornuftens brug igen.
ASLAKSEN. Jeg skal i et extranummer underrette abonnenterne om, at redaktøren, som følge af en ved festgildet pådragen upasselighed –
STENSGÅRD. Ja, ja; gør det; senere kan det jo nok hænde, vi kommer tilrette med hinanden.
ASLAKSEN. Gid det var så vel. – Herr overretssagfører Stensgård, – husk på: den avis, den er mit eneste lam.
(ud i baggrunden.)
GÅRDBRUGER LUNDESTAD *(i den forreste havedør)*. Nå, herr sagfører Stensgård?
STENSGÅRD. Nå, herr gårdbruger Lundestad?
LUNDESTAD. De går her så alene? Dersom det var Dem belejligt, vilde jeg nok gerne tale lidt med Dem.
STENSGÅRD. Med fornøjelse.
LUNDESTAD. Først må jeg nu sige Dem det, at dersom De har hørt, jeg skulde have sagt noget ufordelagtigt om Dem, så må De ikke tro det.
STENSGÅRD. Om mig? Hvad skulde De have sagt?

LUNDESTAD. Ingenting; det forsikkrer jeg Dem. Men her findes så mange ørkesløse mennesker, som bare går omkring og syr folk sammen.

STENSGÅRD. Ja, i det hele taget, – vi to er desværre kommet i en noget skæv stilling til hinanden.

LUNDESTAD. Det er en ganske naturlig stilling, herr Stensgård. Det er det gamles stilling til det nye; det går altid så.

STENSGÅRD. Å bevares, herr Lundestad, De er da ikke så gammel.

LUNDESTAD. Å jo, å jo, jeg blir gammel nu. Jeg har nu siddet i thinget siden 1839. Nu synes jeg det kunde være på tiden at få afløsning.

STENSGÅRD. Afløsning?

LUNDESTAD. Tiderne skifter, ser De. Nye opgaver taer vækst; og til at bære dem frem kræves der nye kræfter.

STENSGÅRD. Ærligt og oprigtigt, herr Lundestad, – vil De altså virkelig vige for Monsen?

LUNDESTAD. For Monsen? Nej, for Monsen vil jeg ikke vige.

STENSGÅRD. Men så forstår jeg ikke –?

LUNDESTAD. Sæt nu, jeg veg for Monsen; tror De så, han havde udsigt til at blive valgt?

STENSGÅRD. Ja, det er vanskeligt at sige. Valgmandsvalget skal jo rigtignok allerede foregå iovermorgen, og stemningen er vistnok endnu ikke tilstrækkelig bearbejdet; men –

LUNDESTAD. Jeg tror ikke det vilde lykkes. Mit og kammerherrens parti vil ikke stemme på ham. Ja, «mit parti», det er nu sådan en talemåde; jeg mener ejendomsmændene, de gamle slægter, som sidder fast på sin jord og hører hjemme her. De vil ikke kendes ved Monsen. Monsen er en indflytter; der er ingen, som véd noget sådan rigtig tilbunds om Monsen og hans sager. Og så har han nu måttet hugge meget ned omkring sig for at vinde plads; hugget ud både skoge og familjer, kan en sige.

STENSGÅRD. Ja, men hvis De altså mener, at der ingen udsigt er –

LUNDESTAD. Hm! Det er sjeldne gaver, De har fået idetheletaget, herr Stensgård. Vorherre har udrustet Dem rigeligt. Men der er en liden ting, som han skulde givet Dem på købet.

STENSGÅRD. Og hvad skulde det være?

LUNDESTAD. Sig mig, – hvorfor tænker De aldrig på Dem selv? Hvorfor har De sletingen ærgærrighed?

STENSGÅRD. Ærgærrighed? Jeg?

LUNDESTAD. Hvorfor går De her og spilder Deres kræfter på andre? Kort og godt, – hvorfor vil De ikke selv ind i thinget?

STENSGÅRD. Jeg? Det er ikke Deres alvor!

LUNDESTAD. De har jo skaffet Dem stemmeret, hører jeg. Men nytter De ikke lejligheden nu, så kommer der en anden ind, og han blir kanske fast i sadlen, og da er han ikke så let at fordrive.

STENSGÅRD. Men, for Guds skyld, mener De, hvad De siger, herr Lundestad?

LUNDESTAD. Det fører jo ikke til noget; når De ikke vil, så –

STENSGÅRD. Vil? Vil? Jeg må oprigtig tilstå Dem, jeg er ikke så aldeles blottet for ærgærrighed, som De tror. Men antager De virkelig, at sligt kan ske?

LUNDESTAD. Ske kunde det nok. Jeg skulde gøre mit bedste. Kammerherren vilde visst også gøre sit; han kender jo Deres talegaver. De unge har De for Dem og –

STENSGÅRD. Herr Lundestad, De er, ved Gud, min sande ven!

LUNDESTAD. Å, det mener De nu ikke så stort med. Var jeg Deres ven, så tog De byrden fra mig; De har unge skuldre; De kunde bære den så let.

STENSGÅRD. Råd over mig i så henseende; jeg skal ikke svigte.

LUNDESTAD. Så De er altså ikke uvillig –?

STENSGÅRD. Her er min hånd!

LUNDESTAD. Tak! Tro mig, herr Stensgård, De kommer ikke til at angre på det. Men nu må vi fare varsomt frem. Valgmænd må vi begge to sørge for at blive, – jeg for at foreslå Dem til min efterfølger og examinere Dem lidt i forsamlingen, og De for at gøre rede for Deres meninger –

STENSGÅRD. Å, er vi først så vidt, så er vi ovenpå. I valgmandsforsamlingen er jo De almægtig.

LUNDESTAD. Der er måde med almægtigheden; – De må naturligvis bruge Deres talegaver; De får se at bortforklare det, som kan være mest kantet og stødende –

STENSGÅRD. De mener da vel ikke, at jeg skal bryde med mit parti?

LUNDESTAD. Se nu bare sindigt på sagen. Hvad vil det sige, at her er to partier? Det vil sige, at her på den ene side findes endel mænd eller slægter, som er i besiddelse af de almindelige borgerlige goder, – jeg mener ejendom, uafhængighed, og andel i magten. Det er det parti, jeg hører til. Og på den anden side findes der mange yngre medborgere, som gerne vil erhverve sig disse samfundsgoder. Se, det er Deres parti. Men dette parti kommer De jo ganske naturligt og ligefrem til at træde ud af, når De nu *får* andel i magten og derhos skaffer Dem en stilling her som rigtig fast ejendomsmand; – ja, for *det* er nødvendigt, herr Stensgård!

STENSGÅRD. Ja, det tror jeg også det er. Men tiden er knap; en sådan stilling erhverves ikke i en håndevending.

LUNDESTAD. Å nej, den gør nok ikke det; men De kunde vel kanske også hjælpe Dem bare med udsigten –

STENSGÅRD. Udsigten?

LUNDESTAD. Skulde De have så svært meget imod at tænke på et godt gifte, herr Stensgård? Her er rige arvinger i bygden. En mand, som De, med fremtiden for sig, – en mand, som kan gøre regning på at komme ind i de højeste poster, – tro mig, Dem vil ingen vrage, når De spiller Deres kort fint.

STENSGÅRD. Så hjælp mig med spillet! For Guds skyld –! De åbner vidder for mig; store syner! Alt det, jeg har håbet og higet efter; at gå som en frigører fremst i folket; alt det fjerne, jeg har drømt om, det rykker mig nu så levende nær!

LUNDESTAD. Ja, vi skal være lysvågne, herr Stensgård! Deres ærgærrighed er allerede på benene, ser jeg. Det er godt. Resten vil gå af sig selv. – Nå, tak sålænge! Jeg skal aldrig glemme Dem, at De vilde tage magtens byrde fra mine gamle skuldre!

(Gæster og husets folk kommer efterhånden ind fra haven. To tjenestepiger bringer lys og byder forfriskninger om under det følgende.)

SELMA *(går op mod pianoet til venstre i baggrunden).* Herr Stensgård, De må være med; vi skal lege pantelege.

STENSGÅRD. Med fornøjelse; jeg er udmærket oplagt!

(går ligeledes mod baggrunden, træffer aftale med hende, sætter stole tilrette o. s. v.)

ERIK BRATSBERG *(dæmpet).* Hvad pokker er det, faer fortæller, herr Hejre? Hvad er det for en tale, sagfører Stensgård skal have holdt heroppe igår?

DANIEL HEJRE. He-he; véd man ikke det?

ERIK BRATSBERG. Nej; vi byfolk var jo til middag og bal inde i klubben. Men faer siger, at herr Stensgård har aldeles brudt med Storlifolket, at han var så forskrækkelig grov imod Monsen –

DANIEL HEJRE. Imod Monsen? Nej, der har De visst hørt fejl, højstærede –

ERIK BRATSBERG. Ja, der stod rigtignok så mange omkring, så jeg fik ikke rigtig rede i det; men jeg hørte ganske bestemt at –

DANIEL HEJRE. Noksagt; vent til imorgen, da får De historien til frokost i Aslaksens avis.

(går fra ham.)

KAMMERHERREN. Nå, min kære Lundestad, holder De endnu fast på de griller –?

LUNDESTAD. Det er ingen griller, herr kammerherre; når en mand står fare for at fortrænges, så bør han vige frivilligt.

KAMMERHERREN. Talemåder! Hvem tænker vel på at fortrænge Dem?

LUNDESTAD. Hm; jeg er en gammel vejrprofet. Her er omslag i luften. Nå, jeg har alt stedfortræderen. Sagfører Stensgård er villig –

KAMMERHERREN. Sagfører Stensgård?

LUNDESTAD. Ja, var det ikke meningen? Jeg tog det for et vink, da kammerherren sagde, at den mand måtte en støtte, og at en skulde slutte sig til ham.

KAMMERHERREN. Ja, jeg mente i hans optræden mod alt dette fordærvelige svindlervæsen, som drives på Storli.

LUNDESTAD. Men hvorledes kunde kammerherren være så sikker på, at Stensgård vilde bryde med de folk?

KAMMERHERREN. Kære, det viste sig jo igåraftes.

LUNDESTAD. Igåraftes?

KAMMERHERREN. Ja, da han talte om Monsens fordærvelige indflydelse i sognet.

LUNDESTAD *(med åben mund).* Om Monsens –?

KAMMERHERREN. Ja visst; på bordet –

LUNDESTAD. Oppe på bordet; ja?

KAMMERHERREN. Han var forskrækkelig grov; kaldte ham en pengesæk, og en basilisk, eller en lindorm, eller noget lignende. Ha, ha, det var virkelig morsomt at høre på.

LUNDESTAD. Var det morsomt at høre på?

KAMMERHERREN. Ja, jeg nægter ikke, Lundestad, at jeg under de folk, hvad de får af den slags. Men nu må vi støtte ham; thi efter et sligt blodigt angreb –

LUNDESTAD. Som det igår, ja?

KAMMERHERREN. Ja vel.

LUNDESTAD. Det på bordet?

KAMMERHERREN. Ja, det på bordet.

LUNDESTAD. Om Monsen?

KAMMERHERREN. Ja, om Monsen og hans slæng. Nu vil de naturligvis søge at hævne sig; og det kan man da ikke fortænke dem i –

LUNDESTAD *(afgjort)*. Sagfører Stensgård må støttes, – det er klart!

THORA. Kære faer, du skal være med i legen.

KAMMERHERREN. Å snak, barn –

THORA. Jo visst; kom; Selma vil det endelig.

KAMMERHERREN. Ja, ja, så får jeg vel føje mig. *(dæmpet idet de går.)* Det er dog sørgeligt med Lundestad; han begynder virkelig at blive sløv; tænk, han har sletikke forstået, hvad Stensgård –

THORA. O, kom, kom; nu skal vi lege!

(Hun drager ham med ind i kredsen, hvor legen er i fuld gang mellem de unge.)

ERIK BRATSBERG *(råber fra sin plads)*. Herr Hejre, De er udnævnt til pantdommer!

DANIEL HEJRE. He-he; det er såmæn min første udnævnelse i verden.

STENSGÅRD *(ligeledes i kredsen)*. På grund af Deres bekendtskab med justitsen, herr Hejre!

DANIEL HEJRE. Å, mine elskelige unge venner, det skulde være mig en fryd at dømme jer allesammen –; noksagt!

STENSGÅRD *(smutter hen til Lundestad, som står i forgrunden til venstre)*. De talte med kammerherren. Hvad var det om? Var det noget om mig?

56

LUNDESTAD. Desværre; det var om dette her igåraftes –
STENSGÅRD *(vrider på sig).* Død og plage!
LUNDESTAD. Han syntes, De havde været forskrækkelig grov, sa'e han.
STENSGÅRD. Ja, tror De ikke det piner mig –
LUNDESTAD. De kunde nu bøde på det.
ERIK BRATSBERG *(råber ned).* Herr Stensgård, raden er til Dem!
STENSGÅRD. Jeg kommer! *(hurtigt, til Lundestad.)* Hvorledes bøde på det?
LUNDESTAD. Finder De lejlighed, så gør kammerherren en undskyldning.
STENSGÅRD. Det skal jeg, ved Gud, gøre!
SELMA. Skynd Dem; skynd Dem!
STENSGÅRD. Jeg kommer, frue! Her er jeg!
(Legen fortsættes under latter og lystighed. Nogle ældre herrer spiller kort til højre. Lundestad sætter sig til venstre; Daniel Hejre nær ved.)
DANIEL HEJRE. Den hvalp siger, jeg har havt med justitsen at gøre!
LUNDESTAD. Han er noget uvorren i sin mund, det kan ikke nægtes.
DANIEL HEJRE. Derfor går også hele familjen og logrer for ham. Hehe; det er ynkeligt at se, hvor rædde de er.
LUNDESTAD. Nej, der ser De galt, herr Hejre; kammerherren er ikke ræd.
DANIEL HEJRE. Ikke det? Tror De jeg er blind, højstærede?
LUNDESTAD. Nej, men –; ja, De kan da vel tie? Godt; jeg skal sige Dem, hvorledes det hænger sammen. Kammerherren tror, det var Monsen, det gjaldt igår.
DANIEL HEJRE. Monsen? Å, visvas!
LUNDESTAD. Minsæl, herr Hejre! Ringdal eller frøkenen har vel bildt ham det ind –
DANIEL HEJRE. Og så går han hen og be'r ham til stor middag! Nej,

57

det er, Gud døde mig, udmærket! Nej; véd De hvad, *det* kan jeg ikke tie med.

LUNDESTAD. Hys, hys! Husk, hvad De lovte mig. Kammerherren er jo Deres gamle skolekammerat; og om han end har faret lidt hårdt frem imod Dem –

DANIEL HEJRE. He-he; jeg skal betale ham det med renter –

LUNDESTAD. Vogt Dem vel; kammerherren er mægtig. Leg ikke med løver.

DANIEL HEJRE. Bratsberg en løve? Pyt; han er dum, faer; det er jeg ikke. Å, hvilke dejlige chikaner, hvilke spydigheder, hvilke stikpiller jeg skal lave ud af dette her, når jeg engang får vor store proces i gang!

SELMA *(råber fra kredsen)*. Herr dommer, hvad skal den gøre, som ejer dette pant?

ERIK BRATSBERG *(ubemærket, til Daniel Hejre)*. Det er Stensgårds! Find på noget morsomt.

DANIEL HEJRE. Det pant? He-he, lad mig se; han kunde jo per eksempel, – noksagt. Han skal holde en tale!

SELMA. Det er herr Stensgårds pant.

ERIK BRATSBERG. Herr Stensgård skal holde en tale!

STENSGÅRD. Å nej; lad mig slippe; jeg kom slet nok fra det igår.

KAMMERHERREN. Fortrinligt, herr Stensgård; jeg forstår mig også lidt på veltalenhed.

LUNDESTAD *(til Daniel Hejre)*. Gudsdød; bare han nu ikke forplumrer sig.

DANIEL HEJRE. Forplumrer sig? He-he. De er fin, De! Et velsignet indfald! *(halvhøjt til Stensgård.)* Kom De galt fra det igår, så kan De jo slå Dem selv på munden idag.

STENSGÅRD *(får en pludselig idé)*. Lundestad, her er lejligheden!

LUNDESTAD *(undvigende)* Spil Deres kort fint.

(søger sin hat og lister sig efterhånden mod døren.)

STENSGÅRD. Ja, jeg skal holde en tale!

DE UNGE DAMER. Bravo! Bravo!

STENSGÅRD. Tag Deres glasse, mine damer og herrer! Nu holder jeg en tale, der begynder i et eventyr; thi jeg føler eventyrets strøm af livsmod lufte igennem mig i denne kreds.

ERIK BRATSBERG *(til damerne).* Hør! hør!

(Kammerherren tager sit glas fra spillebordet til højre og bliver stående der. Ringdal, doktor Fjeldbo og et par andre herrer kommer ind fra haven.)

STENSGÅRD. Det var i vårdagene. Da kom der en ung gøg flyvende ind i lien. Gøgen er en lykkefugl; og der var stort fuglegilde nedenunder ham på den flade mark, og både vildt og tamt kræ flokkedes der. Ud fra hønsegårdene tripped de; op fra gåsedammene kom de vaggende; ned fra Storlien strøg en tung tiur i lav, braskende flugt, tog fæste og bruste med fjærene og kradsed med vingerne og gjorde sig endnu bredere, end han var; og alt imellem galte han: krak, krak, krak, hvilket vil sige så meget som: jeg er kaksen fra Storlien, jeg!

KAMMERHERREN. Fortræffeligt! Hør!

STENSGÅRD. Og så var der en gammel hakkespæt. Langs- efter træstammerne vimsed han rakt op og ned, bored med sit spidse næb, gramsed orme i sig, og alt det, som sætter galde, og til højre og til venstre hørte man: prik, prik, prik; – det var hakkespætten –

ERIK BRATSBERG. Nej, om forladelse, var ikke det en stork eller en –?

DANIEL HEJRE. Noksagt!

STENSGÅRD. Det var den gamle hakkespæt. Men så kom der liv i laget; thi de fandt en at kagle ondt om; og så stimled de sammen og kagled i kor, så længe, til den unge gøg begyndte at kagle med –

FJELDBO *(ubemærket)*. For Guds skyld, menneske, ti stille!
STENSGÅRD. Men den, det gjaldt, det var en ørn, som sad i ensom ro på et brat fjeld. Om ham vare de alle enige. «Han er en skræmsel for bygden», sa'e en hæs ravn. Men ørnen skar ned i skrå flugt, greb gøgen, og bar ham op i højden. – Det var et hjerterov! Og der oppe fra, der så lykkefuglen vidt og dejligt ud over det lave; der var stilhed og solskin;der lærte han at dømme sværmen fra hønsegårdene og fra de uryddede lier –
FJELDBO *(højt)*. Punktum; punktum! Musik!
KAMMERHERREN. Hys; forstyr ham ikke.
STENSGÅRD. Herr kammerherre Bratsberg, – her ender jeg mit eventyr, og træder frem for Dem i de manges nærværelse og beder Dem om tilgivelse for igår.
KAMMERHERREN *(et halvt skridt tilbage)*. Mig –!
STENSGÅRD. Tak for den måde, hvorpå De har hævnet Dem over mine ubesindige yttringer. I mig har De fra nu af en rustet stridsmand. Og dermed, mine damer og herrer, en skål for ørnen på fjeldtinden; en skål for herr kammerherre Bratsberg.
KAMMERHERREN *(famler efter bordet)*. Tak, herr overretssagfører!
GÆSTERNE *(de fleste i pinlig forlegenhed)*. Herr kammerherre! Herr kammerherre Bratsberg.
KAMMERHERREN. Mine damer! Mine herrer! *(sagte.)* Thora!
THORA. Faer!
KAMMERHERREN. Ah, doktor, doktor, hvad har De gjort!
STENSGÅRD *(med glasset i hånden, strålende fornøjet)*. Og nu på plads igen! Hej, Fjeldbo, kom med, – i de unges forbund! Her har vi legen gående!
DANIEL HEJRE *(i forgrunden til venstre)*. Ja minsæl har vi legen gående!
(Lundestad forsvinder i bagdøren.)
(Teppet falder.)

TREDJE AKT

(Elegant forværelse med indgang i baggrunden. Til venstre dør til kammerherrens kontor; længere tilbage dør til dagligstuen. Til højre en dør til værksforvalterens kontorer; foran samme et vindu.)

(Thora sidder grædende på sofaen til venstre. Kammerherren går heftigt op og ned.)

KAMMERHERREN. Ja, nu har vi efterspillet. Gråd og jammer –

THORA. O, Gud give vi aldrig havde set det menneske!

KAMMERHERREN. Hvilket menneske?

THORA. Den afskyelige sagfører Stensgård, naturligvis.

KAMMERHERREN. Du skulde heller sige: gid vi aldrig havde set den afskyelige doktor!

THORA. Fjeldbo?

KAMMERHERREN. Ja, Fjeldbo; Fjeldbo, ja! Var det ikke ham, som løj mig fuld –?

THORA. Nej, kære velsignede faer, det var mig.

KAMMERHERREN. Dig? Begge to altså! I ledtog sammen; bag min ryg! Det er dejligt!

THORA. O, faer, dersom du vidste –

KAMMERHERREN. Å, jeg véd nok; mere end nok; meget mere!

(Doktor Fjeldbo kommer fra baggrunden.)

FJELDBO. Godmorgen, herr kammerherre! Godmorgen, frøken.

KAMMERHERREN *(vedbliver at gå op og ned)*. Nå, er De der, – De, ulykkesfugl –

FJELDBO. Ja, det var en højst ubehagelig begivenhed.

KAMMERHERREN *(ser ud af vinduet)*. Finder De dog det?

FJELDBO. Jeg tror, De må have bemærket, hvorledes jeg hele tiden holdt øje med Stensgård. Ulykkeligvis, da jeg hørte der skulde leges pantelege, tænkte jeg der ingen fare var –

KAMMERHERREN *(stamper i gulvet)*. Stilles i gabestokken af slig en vindmager! Og hvad har ikke mine gæster måttet tro om mig? At jeg var usel nok til at ville købe denne person,denne – denne –, som Lundestad kalder ham!

FJELDBO. Ja, men –

THORA *(ubemærket af faderen).* Tal ikke!

KAMMERHERREN *(efter et kort ophold, vender sig mod Fjeldbo).* Sig mig oprigtigt, doktor, – er jeg virkelig dummere, end de fleste andre mennesker?

FJELDBO. Hvor kan De spørge så, herr kammerherre?

KAMMERHERREN. Men hvorledes kunde det da gå til, at jeg rimeligvis var den eneste, som ikke forstod, at den forbistrede tale var myntet på mig?

FJELDBO. Skal jeg sige Dem det?

KAMMERHERREN. Ja visst skal De så.

FJELDBO. Det er, fordi De selv ser Deres stilling her i bygden med andre øjne, end befolkningen forresten.

KAMMERHERREN. Jeg ser min stilling, som min salig faer så sin stilling her. Min salig faer vilde man aldrig vovet at byde sligt.

FJELDBO. Deres salig faer døde også omkring året 1830.

KAMMERHERREN. Å ja; her er kommet mangt og meget i opløsning siden den tid. Men skylden er forresten min egen. Jeg har blandet mig formeget med de godtfolk. Derfor må jeg nu finde mig i at stilles sammen med gårdbruger Lundestad!

FJELDBO. Ja, rent ud sagt, det ser jeg ingen forklejnelse i.

KAMMERHERREN. Å, De forstår mig meget godt. Jeg pukker naturligvis ikke på noget slags fornemhed, eller på titler eller sligt. Men hvad jeg holder i ære, og hvad jeg forlanger at andre skal holde i ære, det er den gennem alle slægter nedarvede retskaffenhed i vor familje. Det er *det*, jeg mener, at når man, som Lundestad, griber ind i det offentlige liv, såkan man ikke bevare sin karakter og sin vandel så aldeles pletfri. Derfor får Lundestad også finde sig i, at man søler ham til. Men man skal lade mig i ro; jeg står udenfor partierne.

FJELDBO. Ikke så ganske, herr kammerherre. De glæded Dem ialfald, sålænge De troede, at angrebet gjaldt Monsen.

KAMMERHERREN. Nævn ikke det menneske! Det er ham, som har slappet den moralske sans her i egnen. Desværre har han da også gjort min herr søn svimmel i hovedet.

THORA. Erik?

FJELDBO. Deres søn?

KAMMERHERREN. Ja; hvad skulde han ind i de handelsforretninger? Det fører jo dog ikke til noget.

FJELDBO. Men, kære herr kammerherre, han må jo dog leve og –

KAMMERHERREN. Å, med sparsomhed kunde han såmæn godt leve af sin mødrenearv.

FJELDBO. Ja, kanske han kunde leve *af* den; men hvad skulde han leve *for*?

KAMMERHERREN. For? Nå, behøvte han absolut noget at leve *for*, så er han jo juridisk kandidat; han kunde jo leve for sin videnskab.

FJELDBO. Nej, det kunde han ikke; thi det er hans natur imod. Han kunde heller ikke tænke på at komme i embede for det første; bestyrelsen af Deres ejendomme har De forbeholdt Dem selv; Deres søn har ingen børn at opdrage. Og når han så under slige omstændigheder ser fristende eksempler for sig, – ser folk, som fra ingenting er ifærd med at skabe en halv million –

KAMMERHERREN. En halv million? Å, véd De hvad, lad os nu blive ved de hundred tusend. Men hverken den halve million eller de hundrede tusend skrabes sammen med så aldeles rene hænder; – jeg mener ikke ligeoverfor verden; gudbevares; lovene kan man jo nok holde sig efterrettelig; men ligeoverfor ens egen bevidsthed. Sligt noget kan jo naturligvis ikke min søn

bekvemme sig til. De kan derfor være ganske rolig: grosserer Bratsbergs virksomhed kaster såmæn ingen halv million af sig.
(Selma, i spadseredragt, kommer fra baggrunden.)
SELMA. Godmorgen! Er ikke min mand her?
KAMMERHERREN. Godmorgen, barn. Søger du efter din mand?
SELMA. Ja, han sagde, han skulde herud. Proprietær Monsen kom til ham tidligt i morges, og så –
KAMMERHERREN. Monsen? Kommer Monsen til jer?
SELMA. Engang imellem; det er mest i forretninger. Men, kære Thora, hvad er det? Har du grædt?
THORA. Å, det er ingenting.
SELMA. Jo, det er! Hjemme var Erik forstemt, og her –; jeg ser det på jer allesammen; der er noget ivejen. Hvad er det?
KAMMERHERREN. Nå, nå; det er ialfald ikke noget for dig. Du er for fin til at bære byrder, min lille Selma. Gå I to ind i dagligstuen sålænge. Har Erik sagt, at han kommer, så kommer han vel også.
SELMA. Lad os gå; – og vogt mig endelig for trækluften!
(slår armene om hende.) O, jeg kunde knuse dig, søde Thora!
(begge damerne går ind til venstre.)
KAMMERHERREN. De er altså kommet op i det med hinanden, de to spekulanter. De burde gå i kompagni sammen. Monsen & Bratsberg, – det vilde klinge smukt! *(det banker i baggrunden.)* Kom ind!
(Sagfører Stensgård træder ind af døren.)
KAMMERHERREN *(viger et skridt tilbage).* Hvad for noget!
STENSGÅRD. Ja, her har De mig igen, herr kammerherre!
KAMMERHERREN. Jeg ser det.
FJELDBO. Men er du gal, menneske?
STENSGÅRD. De trak Dem tidligt tilbage igåraftes. Da Fjeldbo havde oplyst mig om sammenhængen, var De allerede –

KAMMERHERREN. Jeg beder Dem, – enhver forklaring vil være overflødig –
STENSGÅRD. Ganske visst; De må heller ikke tro, det er derfor jeg er kommen.
KAMMERHERREN. Ikke det, nu?
STENSGÅRD. Jeg véd, jeg har æreskændt Dem.
KAMMERHERREN. Det véd jeg også; og forinden jeg laer Dem jage på porten, vilde De kanske sige mig, hvorfor De kommer her.
STENSGÅRD. Fordi jeg elsker Deres datter, herr kammerherre!
FJELDBO. Hvad –!
KAMMERHERREN. Hvad siger han, doktor?
STENSGÅRD. Ja, De kan ikke sætte Dem ind i det, herr kammerherre. De er en gammel mand; De har ikke noget at kæmpe for –
KAMMERHERREN. Og De understår Dem –!
STENSGÅRD. Jeg kommer for at bede om Deres datters hånd, herr kammerherre.
KAMMERHERREN. De –, De –? Vil De ikke tage plads?
STENSGÅRD. Tak; jeg står.
KAMMERHERREN. Hvad siger De til dette her, doktor?
STENSGÅRD. Å, Fjeldbo siger alt godt; han er min ven; den eneste virkelige ven, jeg har.
FJELDBO. Nej, nej, menneske; aldrig i evighed, dersom du –
KAMMERHERREN. Var det derfor herr værkslægen fik ham indført i vort hus?
STENSGÅRD. De kender mig kun af min optræden iforgårs og igår. Og det er ikke nok. Jeg er heller ikke idag den samme, som før. Samværet med Dem og Deres er faldet som en vårregn over mig. I en eneste nat er der slåt spirer ud! De må ikke støde mig tilbage i det uhyggelige igen. Jeg har aldrig siddet inde med det dejlige i livet, før nu; det harværet som fugle på taget for mig –
KAMMERHERREN. Men min datter –?

65

STENSGÅRD. Å, hende skal jeg vinde.
KAMMERHERREN. Så? Hm!
STENSGÅRD. Ja, fordi jeg vil det. Husk på, hvad De fortalte mig igår. De var også misfornøjet med Deres søns giftermål; – se, det har vendt sig til det gode. De skal skrive lærepengene bag øret, som Fjeldbo sagde –
KAMMERHERREN. Nå, det var sådan ment?
FJELDBO. På ingen måde! Kære herr kammerherre, lad mig få tale alene med ham –
STENSGÅRD. Sniksnak; jeg har ikke noget at tale med dig om. Hør nu, herr kammerherre! Vær nu snild og fornuftig. En familje, som Deres, trænger til nye forbindelser, ellers fordummes slægten –
KAMMERHERREN. Nej, nu blir det for galt!
STENSGÅRD. Hys, hys; ikke hidsig! Lad alle disse kedelige fornemme griller fare; – for fanden, det er jo dog ikke andet end narrestreger igrunden. De skal se, hvor glad De vil blive i mig, når De bare lærer mig at kende. Jo; jo; De *skal* blive glad i mig, – både De og Deres datter! Hende skal jeg tvinge –
KAMMERHERREN. Hvad tror De, herr doktor?
FJELDBO. Jeg tror, det er galskab!
STENSGÅRD. Ja, for dig vilde det være galskab; men jeg, ser du, jeg har en gerning at gøre her på Guds dejlige jord; – jeg laer mig ikke skræmme af vrøvl og fordomme!
KAMMERHERREN. Herr sagfører; der er døren.
STENSGÅRD. De viser mig –?
KAMMERHERREN. Døren.
STENSGÅRD. Gør det ikke!
KAMMERHERREN. Ud med Dem! De er en lykkejæger og en – en; er det dog ikke forbandet! De er –
STENSGÅRD. Hvad er jeg?

KAMMERHERREN. Det er det andet; det, som ligger mig på tungen, er De!

STENSGÅRD. Stænger De min livsvej, så vogt Dem!

KAMMERHERREN. Hvorfor?

STENSGÅRD. Jo, for så vil jeg forfølge Dem, skrive imod Dem i bladene, bagtale Dem, undergrave Deres ære, om jeg kan komme til. De skal skrige under svøbeslagene. De skal tro at skimte ånder i skyen, som slår ned imod Dem. De skal krøge Dem sammen i skræk, holde Deres arme krumt over hodet for at bøde af, – krybe, lede efter ly for mig –

KAMMERHERREN. Kryb selv i ly – i dårekisten; der hører De hjemme!

STENSGÅRD. Haha; det er et godtkøbsråd; men De skønner ikke bedre, herr Bratsberg! Jeg vil sige Dem det; Vorherres vrede er i mig. Det er hans vilje, De står imod. Han har tænkt det lyseste med mig. Skyg ikke! – Nå, jeg ser nok, at jeg kommer ingen vej med Dem idag; men det gør ingenting. Jeg forlanger ikke andet end at De skal tale til Deres datter. Forbered hende; giv hende dog lejlighed til at vælge! Tænk Dem om, og se Dem omkring her. Hvor kan De vente at finde en svigersøn mellem disse dosmere og landevejstravere? Fjeldbo siger, hun er dyb, stille og trofast. Ja, nu véd De altsammen. Farvel, herr kammerherre; – De kan få mig som De vil, til ven eller uven. Farvel!
(ud i baggrunden.)

KAMMERHERREN. Så vidt er det altså kommet! Sligt vover man at byde mig i mit eget hus!

FJELDBO. Stensgård vover det; ingen anden.

KAMMERHERREN. Han idag; andre imorgen.

FJELDBO. Lad dem komme; jeg skal tage stødet af; jeg skal gå gennem ild og vand for Dem –!

KAMMERHERREN. Ja, De, som er skyld i det hele! – Hm; den Stensgård, det er dog den mest uforskammede slyngel, jeg har kendt! Og dog, alligevel, – hvad pokker er det? Han har noget ved sig, som jeg synes om.

FJELDBO. Der er muligheder i ham –

KAMMERHERREN. Der er åbenhjertighed i ham, herr værkslæge! Han går ikke og spiller bag ens ryg, som såmange andre; han – han!

FJELDBO. Det er ikke værd at strides om. Blot fast, herr kammerherre; nej, og atter nej til Stensgård –

KAMMERHERREN. Å, behold Deres råd for Dem selv! De kan stole på, at hverken han eller nogen anden –

VÆRKSFORVALTER RINGDAL *(fra døren til højre).* Med tilladelse, herr kammerherre; et ord –

(hvisker.)

KAMMERHERREN. Hvad for noget? Inde hos Dem?

RINGDAL. Han kom ind bagdøren og beer indstændigt at få Dem i tale.

KAMMERHERREN. Hm. – Å, doktor, gå et øjeblik ind til damerne; der er en, som –; men sig ingenting til Selma om herr Stensgård og hans besøg. Hun skal holdes udenfor alt dette væsen. Hvad min datter angår, skulde det også være mig kært, om De kunde holde ren mund; men – –. Å, jeg gider ikke –? Nå, vær så god at gå ind.

(Fjeldbo går ind i dagligstuen. Ringdal er imidlertid gået ind i sit kontor igen. En kort stund efter kommer proprietær Monsen ud derfra.)

MONSEN *(i døren).* Jeg beer herr kammerherren så meget om forladelse –

KAMMERHERREN. Nå, kom ind; kom ind!

MONSEN. Jeg håber da, det står vel til med familjen?

KAMMERHERREN. Tak. Er det noget, De ønsker?

MONSEN. Kan ikke sige *det.* Jeg er, Gud ske lov, den mand, som omtrent *har* alt det, han kan ønske sig.

KAMMERHERREN. Se, se; det er såmæn meget sagt.
MONSEN. Men jeg har også arbejdet, herr kammerherre. Ja, jeg véd, De har ikke noget godt øje til min virksomhed.
KAMMERHERREN. Det har visst heller ingen indflydelse på Deres virksomhed, hvad øje jeg har til den.
MONSEN. Ja, hvem véd? Jeg tænker ialfald nu så småt på at trække mig ud af forretningerne.
KAMMERHERREN. Gør De virkelig det?
MONSEN. Jeg har havt lykken med mig, skal jeg sige Dem. Jeg er nu kommen så langt, som jeg bryder mig om at komme; og derfor mener jeg det kunde være på tiden lidt efter lidt at vikle af og –
KAMMERHERREN. Nå, det gratulerer jeg både Dem og mange andre til.
MONSEN. Og hvis jeg så med det samme kunde vise kammerherren en tjeneste –
KAMMERHERREN. Mig?
MONSEN. Da Langerudskogene for fem år siden kom til auktion, så gjorde De bud –
KAMMERHERREN. Ja, men efter auktionen gjorde De overbud og fik tilslaget.
MONSEN. De kan nu få dem med sagbrug og alle herligheder –
KAMMERHERREN. Efter den syndige udhugst, som der er drevet –?
MONSEN. Å, de har betydelig værdi endnu; og med Deres driftsmåde vil De om nogle år –
KAMMERHERREN. Takker; jeg kan desværre ikke indlade mig på den sag.
MONSEN. Men her var meget at tjene, herr kammerherre. Og hvad mig angår –; jeg skal sige Dem, jeg har en stor spekulation fore; der står meget på spil; jeg mener, der er meget at vinde; en hundrede tusend *tusend* eller så.
KAMMERHERREN. Hundrede tusend? Det er i sandhed ingen ringe

sum.

MONSEN. Ha-ha-ha! Ret vakkert at tage med og lægge til det øvrige. Men skal en slå så store slag, så trænger en til hjælpetropper, som det heder. Kon- tanter er her ikke mange af; de navne, som duer noget, er svært brugte –

KAMMERHERREN. Ja, det har visse folk sørget for.

MONSEN. Den ene hånd vasker den anden. Nå, herr kammerherre, slutter vi så ikke en handel? De kan få skogene for spotpris –

KAMMERHERREN. Jeg vil ikke have dem for nogen pris, herr Monsen.

MONSEN. Men et godt tilbud er dog et andet værd. Herr kammerherre, vil De hjælpe mig?

KAMMERHERREN. Hvad mener De?

MONSEN. Jeg stiller naturligvis sikkerhed. Jeg har jo ejendomme nok. Her skal De se. Disse papirer –; må jeg få lov til at sætte Dem ind i min status?

KAMMERHERREN *(viser papirerne tilbage)*. Er det pengehjælp, som De –?

MONSEN. Ikke rede penge; langtfra. Men kammerherrens støtte –. Mod vederlag naturligvis; – og mod sikkerhed, og –

KAMMERHERREN. Og med en slig anmodning kommer De til mig?

MONSEN. Ja, netop til Dem. Jeg véd, De har så mangen gang glemt Deres nag, når det rigtig har knebet for en.

KAMMERHERREN. Nå, jeg må på en vis måde takke Dem for Deres gode mening, – især i en tid som denne; men alligevel –

MONSEN. Herr kammerherre, vil De ikke sige mig, hvad det er, De har imod mig?

KAMMERHERREN. Å, hvad kan det nytte?

MONSEN. Det kan nytte til at rette på forholdet. Jeg véd ikke jeg har lagt to pinde i kors for Dem.

KAMMERHERREN. Ikke det? Da skal jeg dog nævne Dem ét tilfælde, hvor De har stået mig ivejen. Jeg stiftede værkets lånekasse til gavn for mine undergivne og andre. Men så begyndte De at drive bankforretninger; folk går til Dem med sine spareskillinger –

MONSEN. Begribeligt, herr kammerherre; thi jeg gier en højere indlånsrente.

KAMMERHERREN. Ja, men De taer også en højere udlånsrente.

MONSEN. Men så gør jeg ikke så mange vanskeligheder med kaution og sligt.

KAMMERHERREN. Desværre; derfor ser man også, at her sluttes handler på ti-tyve tusend species, uden at hverken køber eller sælger ejer to danske skilling. Se, dette, herr Monsen, det har jeg imod Dem. Og desuden noget, som ligger nærmere endda. Tror De, det var med min gode vilje, at min søn kastede sig ind i alle disse vilde foretagender?

MONSEN. Men det kan da ikke jeg for!

KAMMERHERREN. Det var Deres eksempel, der smittede ham, ligesom de andre. Hvorfor blev De ikke ved Deres læst?

MONSEN. Tømmerfløder, ligesom min fader?

KAMMERHERREN. Det var kanske en skam at stå i min tjeneste? Deres fader ernærte sig redeligt og var agtet i sin stand.

MONSEN. Ja, indtil han havde arbejdet sig helseløs og tilslut gik i fossen med tømmerflåden. Kender De noget til livet i den stand, herr kammerherre? Har De en eneste gang prøvet, hvad de folk må døje, som slider for Dem inde i skogtrakterne og nedover langs elvedragene, mens De sidder i Deres lune stue og taer frugterne? Kan De fortænke et sligt menneske i, at han vil arbejde sig ivejret? Jeg havde nu fået lidt bedre lærdom, end min fader; havde vel kanske lidt bedre evner også –

KAMMERHERREN. Lad gå. Men ved hvilke midler er De kommen ivejret? De begyndte med brændevinshandel. Så købte

De usikkre gældsfordringer; inddrev dem ubønhørligt; – så gik De videre og videre. Hvor mange har De ikke ruineret for at komme frem!

MONSEN. Det er handelens gang; det går op for en og ned for en anden.

KAMMERHERREN. Men måden og midlerne? Her er agtværdige familjer, som tynger på fattigkassen for Deres skyld.

MONSEN. Daniel Hejre er heller ikke langt fra fattigkassen.

KAMMERHERREN. Jeg forstår Dem. Men min færd kan jeg forsvare for Gud og mennesker! Da landet, efter adskillelsen fra Danmark, var i nød, hjalp min salig fader over evne. Derved kom en del af vore ejendomme til familjen Hejre. Hvad førte det til? Der sad levende væsner på disse ejendomme; og de led under Daniel Hejres ukloge styrelse. Han hug skogene ud til skade, ja, jeg kan gerne sige, til ulykke for distriktet. Var det ikke min ligefremme pligt at hindre sådant, når jeg kunde? Og jeg kunde det; jeg havde loven for mig; jeg var i min gode ret, da jeg tog mine ejendomme igen på odel.

MONSEN. Jeg har heller ikke forgået mig mod loven.

KAMMERHERREN. Men mod Deres egen bevidsthed, mod Deres samvittighed, som De dog forhåbentlig har noget af. Og hvorledes har De ikke nedbrudt al god orden her? Hvorledes har De ikke svækket den agtelse, som rigdommen skulde give? Man spørger ikke længere om hvorledes en formue er erhvervet, eller hvorlænge den har været i en familjes besiddelse; man spørger blot: hvormeget er den eller den værd? Og derefter dømmes han. Under alt dette lider også jeg; vi to er blevet som et slags kammerater; man nævner os sammen, fordi vi er de to største ejendomsbesiddere her. Det tåler jeg ikke! Jeg vil sige Dem engang for alle: det er derfor jeg har imod Dem.

MONSEN. Det skal få en ende, herr kammerherre; jeg skal slutte min virksomhed, vige for Dem på alle kanter; men jeg beer Dem, jeg bønfalder Dem, bare hjælp mig!

KAMMERHERREN. Jeg gør det ikke.

MONSEN. Jeg er villig til at betale, hvad det så skal være –

KAMMERHERREN. Betale! Og det vover De at –

MONSEN. Om ikke for min skyld, så for Deres søns!

KAMMERHERREN. Min søns?

MONSEN. Ja, han er med i det; jeg tænker, der kan komme en tyve tusend daler på hans part.

KAMMERHERREN. Som han vinder?

MONSEN. Ja!

KAMMERHERREN. Men, du gode Gud, hvem taber så de penge?

MONSEN. Hvorledes –?

KAMMERHERREN. Når min søn vinder dem, så må der jo være en, der taber dem!

MONSEN. En fordelagtig handel; jeg har ikke lov at sige mere. Men jeg trænger til et agtet navn; blot Deres navns underskrift –

KAMMERHERREN. Underskrift! På dokumenter –

MONSEN. Bare for 10-15,000 daler.

KAMMERHERREN. Og De har et eneste øjeblik kunnet tro, at –? *Mit* navn! I slig en affære! Mit navn? Som kautionist altså?

MONSEN. Kun for en forms skyld –

KAMMERHERREN. Svindleri! Mit navn! Ikke for nogen pris. Jeg har aldrig skrevet mit navn under fremmede papirer.

MONSEN. Aldrig? Det er nu overdrivelse, herr kammerherre!

KAMMERHERREN. Bogstaveligt; som jeg siger Dem.

MONSEN. Nej; det er ikke bogstaveligt. Det har jeg selv set.

KAMMERHERREN. Hvad har De set?

MONSEN. Kammerherrens navn, – på en veksel idetmindste.

KAMMERHERREN. Usandt, siger jeg Dem! De har aldrig set det!

MONSEN. Jeg har! Under en veksel på 2,000 daler. Tænk Dem dog om!

KAMMERHERREN. Hverken på to tusend eller på ti tusend! På min ære og mit højeste ord, aldrig!

MONSEN. Så er det falskt.

KAMMERHERREN. Falskt?

MONSEN. Ja, falskt; efterskrevet; – thi jeg *har* set det.

KAMMERHERREN. Falskt? Falskt! Hvor har De set det? Hos hvem?

MONSEN. Det siger jeg ikke.

KAMMERHERREN. Ha-ha; vi skal nok få det for en dag!

MONSEN. Hør mig –!

KAMMERHERREN. Ti! Så vidt har man bragt det! Falskt! Blandet mig ind i smudsighederne! Ja, så er det intet under, at jeg stilles sammen med de andre. Men nu skal jeg spille med dem!

MONSEN. Herr kammerherre, – for Deres egen og manges skyld –

KAMMERHERREN. Bliv mig fra livet! Gå Deres vej! Det er Dem, som er ophavsmanden –! Jo, det er! Ve den, fra hvem forargelsen kommer. Det er et syndigt levned, som føres i Deres hus. Og hvad er det for omgang, De søger? Personer inde fra Kristiania og andetsteds, som kun går ud på at æde og drikke godt, og som ikke regner det så nøje med i hvisselskab det sker. Ti! Jeg har selv set Deres noble julegæster fare langs landevejen, som en flok hylende ulve. Og der er det, som værre er. De har havt skandaler med Deres egne tjenestepiger. Deres kone gik fra forstanden over Deres udskejelser og Deres rå behandling

MONSEN. Nej; det går for vidt! De skal komme til at angre de ord!

KAMMERHERREN. Å, Pokker i vold med Deres trusler. Hvad vil De kunne gøre mig? Mig? De har spurgt, hvad jeg havde imod Dem. De har nu fået besked. Nu véd De, hvorfor jeg har holdt Dem ude fra det gode selskab.

MONSEN. Ja, men nu skal jeg drage det gode selskab ned –

KAMMERHERREN. Den vej der!
MONSEN. Jeg véd vejen, herr kammerherre!
(ud i baggrunde.n)
KAMMERHERREN *(går hen, åbner døren til højre og råber).* Ringdal; Ringdal; – kom ind!
RINGDAL. Herr kammerherre?
KAMMERHERREN *(kalder ind i dagligstuen).* Herr doktor; å vær så god –! Nu, Ringdal, nu går mine spådomme i opfyldelse.
FJELDBO. Hvad er til tjeneste, herr kammerherre?
RINGDAL. Har kammerherren spået?
KAMMERHERREN. Hvad siger De nu, doktor? De har altid ment, at jeg overdrev, når jeg påstod, at Monsen fordærvede befolkningen her.
FJELDBO. Nu ja; og hvad så?
KAMMERHERREN. Man gør vakkre fremskridt, kan jeg fortælle Dem. Hvad synes De? Her er falske papirer i omløb.
RINGDAL. Falske papirer?
KAMMERHERREN. Falske papirer, ja! Og med hvis navn, tror De? Med mit!
FJELDBO. Men for Guds skyld, hvem har gjort det?
KAMMERHERREN. Hvor kan jeg vide? Kender jeg alle keltringer? Men det skal for en dag. – Doktor, gør mig en tjeneste. Papirerne må være anbragte enten i sparebanken eller i værkets lånekasse. Kør op til Lundestad; han er den af bankbestyrerne, som har bedst rede på alting. Få at vide om der er noget sligt papir –
FJELDBO. Straks; straks!
RINGDAL. Lundestad er her på værket idag; han har møde i skolekommissionen.
KAMMERHERREN. Såmeget desto bedre. Søg ham; få ham med herop.
FJELDBO. Uopholdelig; det skal snart være besørget.
(ud i baggrunden.)

KAMMERHERREN. Og De, Ringdal, må forhøre Dem i lånekassen. Såsnart vi har rede på sagen, så anmeldelse til fogden. Ingen barmhjertighed med de bedragere!

RINGDAL. Godt, herr kammerherre. Gud bevares vel; sligt noget havde jeg da ikke troet.

(går ind til højre.)

(Kammerherren går et par gange op og ned ad gulvet, derpå vil han gå ind i sit kontor. I det samme kommer Erik Bratsberg fra baggrunden.)

ERIK BRATSBERG. Kære faer –!

KAMMERHERREN. Nå, er du der?

ERIK BRATSBERG. Jeg må nødvendigt tale med dig.

KAMMERHERREN. Hm; jeg er sandelig lidet oplagt til at tale med nogen. Hvad vil du?

ERIK BRATSBERG. Du véd, faer, at jeg aldrig før har blandet dig ind i mine forretninger.

KAMMERHERREN. Nej, det skulde jeg også meget havt mig frabedt.

ERIK BRATSBERG. Men idag er jeg nødt til –

KAMMERHERREN. Hvad er du nødt til?

ERIK BRATSBERG. Faer, du må hjælpe mig!

KAMMERHERREN. Penge! Ja, du kan lide på, at –!

ERIK BRATSBERG. Blot for en eneste gang! Jeg sværger dig til, at jeg aldrig oftere –; jeg skal sige dig, jeg står i visse forbindelser med Monsen på Storli –

KAMMERHERREN. Det véd jeg. I har jo en smuk spekulation fore.

ERIK BRATSBERG. En spekulation? Vi? Nej. Hvem har sagt det?

KAMMERHERREN. Det har Monsen selv.

ERIK BRATSBERG. Har Monsen været her?

KAMMERHERREN. Ja, nu for nylig; og jeg har vist ham døren.

ERIK BRATSBERG. Faer, hvis du ikke hjælper mig, så er jeg ødelagt.

KAMMERHERREN. Du?

ERIK BRATSBERG. Ja; Monsen har forstrakt mig med penge. De er faldet mig forfærdelig dyre; og nu er de desuden forfaldne –

KAMMERHERREN. Der har vi det! Hvad har jeg sagt –?

ERIK BRATSBERG. Ja, ja; det er for sent at tale om –

KAMMERHERREN. Ødelagt! Efter to års forløb! Ja, hvor kunde du vente dig andet? Hvad vilde du iblandt disse taskenspillere, som går her og blænder folks syn med formuer, der aldrig har været til? Det var jo dog ikke selskab for dig; – mellem de karle må man fare med kneb, ellers kommer man tilkort; det ser du nu.

ERIK BRATSBERG. Faer, vil du frelse mig eller ikke?

KAMMERHERREN. Nej; for sidste gang, nej; jeg vil ikke.

ERIK BRATSBERG. Min ære står på spil –

KAMMERHERREN. Å, bare ingen højttravende talemåder! Det er sletingen æressag at være heldig forretningsmand her; tvertimod, havde jeg nær sagt. Gå hjem og gør rede for dig; giv enhver sit, og lad det få en ende jo før jo heller.

ERIK BRATSBERG. O, du véd ikke –!

(Selma og Thora kommer fra dagligstuen.)

SELMA. Er det Erik, som taler? – Gud, hvad er der påfærde?

KAMMERHERREN. Ingenting. Ind med jer igen.

SELMA. Nej, jeg går ikke. Jeg vil vide det. Erik, hvad er det dog?

ERIK BRATSBERG. Det er det, at jeg er ødelagt.

THORA. Ødelagt!

KAMMERHERREN. Se så!

SELMA. Hvad er ødelagt?

ERIK BRATSBERG. Alting.

SELMA. Mener du dine penge?

ERIK BRATSBERG. Penge, hus, arv, – alting!

SELMA. Ja, det er alting for dig.

ERIK BRATSBERG. Selma, kom lad os gå. Nu er du det eneste, jeg har igen. Vi får bære ulykken sammen.

SELMA. Ulykken? Bære den sammen? *(med et skrig.)* Er jeg nu god nok!

KAMMERHERREN. I Guds navn –!

ERIK BRATSBERG. Hvad mener du?

THORA. O, men så fat dig!

SELMA. Nej! Jeg vil ikke! Jeg kan ikke tie og hykle og lyve længer! Nu skal I vide det. Ingenting vil jeg bære!

ERIK BRATSBERG. Selma!

KAMMERHERREN. Barn, hvad siger du?

SELMA. O, hvorledes har I mishandlet mig! Skændigt, allesammen! Altid skulde jeg tage; aldrig fik jeg give. Jeg har været den fattige iblandt jer. Aldrig kom I og kræved noget offer af mig; intet har jeg været god nok til at bære. Jeg hader jer! Jeg afskyr jer!

ERIK BRATSBERG. Hvad er dog dette?

KAMMERHERREN. Hun er syg; hun er fra sig selv!

SELMA. Hvorledes har jeg ikke tørstet efter en dråbe af eders sorger! Men bad jeg, så havde I ikke andet end en fin spøg at vise mig bort med. I klædte mig på som en dukke; I legte med mig, som man leger med et barn. O, jeg havde dog en jubel til at bære det tunge; jeg havde alvor og længsel mod alt det, som stormer og løfter og højner. Nu er jeg god nok; nu, da Erik intet andet har. Men jeg vil ikke være den, man griber til sidst. Nu vil jeg intet have af dine sorger. Jeg vil fra dig! Før skal jeg spille og synge på gaden –! Lad mig være; lad mig være!

(hun iler ud i baggrunden.)

KAMMERHERREN. Thora; var der mening i alt dette, eller –?

THORA. O, ja; nu ser jeg det først; der var mening i det.

(ud i baggrunden.)

ERIK BRATSBERG. Nej! Alt andet; men ikke hende! Selma!

(bort igennem baggrundsdøren.)
RINGDAL *(kommer fra højre).* Herr kammerherre –
KAMMERHERREN. Hvad vil De?
RINGDAL. Jeg kommer fra lånekassen –
KAMMERHERREN. Fra lånekassen? Nå ja, vekselen –
RINGDAL. Alt er i orden; der har aldrig været nogen veksel med Deres navn på.
(Doktor Fjeldbo og gårdbruger Lundestad kommer fra baggrunden.)
FJELDBO. Blind allarm, herr kammerherre!
KAMMERHERREN. Ja så? Ikke i sparebanken heller?
LUNDESTAD. Sletikke. I alle de år, jeg har styret banken, har jeg ikke set Deres navn engang; – ja, det vil da naturligvis sige: undtagen på Deres søns veksel.
KAMMERHERREN. Min søns veksel?
LUNDESTAD. Ja, på den veksel, tidligt ivåres, som De accepterte for ham.
KAMMERHERREN. Min søn? Min søn! Hvad understår De Dem –!
LUNDESTAD. Men, Gudbevares, tænk Dem dog om; Deres søns veksel på 2,000 daler –
KAMMERHERREN *(famler efter en stol).* O, du forbarmende –!
FJELDBO. I Jesu navn!
RINGDAL. Det er da ikke muligt –!
KAMMERHERREN *(er sunken ned i stolen).* Rolig; rolig! Min søns veksel? Accepteret af mig? På 2,000 daler?
FJELDBO *(til Lundestad).* Og den veksel, den er i sparebanken?
LUNDESTAD. Ikke nu længer; i forrige uge blev den indfriet af Monsen –
KAMMERHERREN. Af Monsen!
RINGDAL. Monsen er kanske endnu på værket; jeg vil straks –
KAMMERHERREN. Bliv her!

DANIEL HEJRE *(kommer fra baggrunden).* Godmorgen, mine herrer! Godmorgen, højstærede; ærbødigst tak for den behagelige aften igår. Nu skal De høre historier –
RINGDAL. Undskyld; vi har travlt –
DANIEL HEJRE. Der er andre, som også har travlt; proprietariussen på Storli, for eksempel –
KAMMERHERREN. Monsen?
DANIEL HEJRE. He-he; det er en udmærket historie! Valgkabalerne er i fuld gang. Véd du, hvad man har isinde? Man vil bestikke dig, højstærede!
LUNDESTAD. Bestikke, siger De?
KAMMERHERREN. Man dømmer fra æblet til stammen.
DANIEL HEJRE. Ja, det er, Gud døde mig, det groveste, jeg har hørt. Jeg kommer ind til madam Rundholmen for at få mig en bitter snaps. Der sidder proprietær Monsen og sagfører Stensgård og drikker portvin; noget skidt; tvi for fanden, jeg vilde ikke tage det i min mund; nå ja, de bød mig da heller ikke noget, det var synd at sige. Men så siger Monsen,hvad vædder De, siger han, at kammerherre Bratsberg skal slutte sig til vort parti ved valgmandsvalgene imorgen? Så, siger jeg, hvorledes skulde det gå til? Å, siger han, ved hjælp af denne veksel –
FJELDBO og RINGDAL. Veksel?
LUNDESTAD. Ved valgmandsvalget?
KAMMERHERREN. Nå! Og hvad så?
DANIEL HEJRE. Ja, jeg véd ikke mere. Det var en veksel, hørte jeg, – på 2,000 daler. Så højt takserer man fornemme folk. A, det er skammeligt, er det!
KAMMERHERREN. En veksel på 2,000 daler?
RINGDAL. Og den har Monsen?
DANIEL HEJRE. Nej, han overdrog den til sagfører Stensgård.
LUNDESTAD. Ja så.

FJELDBO. Til Stensgård?
KAMMERHERREN. Er du viss på det?
DANIEL HEJRE. Ja Gu' er jeg viss på det. De kan bruge den, som De bedst véd og vil, sa'e han.
LUNDESTAD. Hør her, herr Hejre; – og De også, Ringdal – *(alle tre tale dæmpet sammen mod baggrunden.)*
FJELDBO. Herr kammerherre!
KAMMERHERREN. Ja.
FJELDBO. Deres søns veksel er naturligvis ægte –
KAMMERHERREN. Man skulde jo tro det.
FJELDBO. Naturligvis. Men hvis nu den falske veksel kommer for dagen –?
KAMMERHERREN. Jeg vil ingen anmeldelse gøre hos fogden.
FJELDBO. Selvfølgelig; – men De må gøre mere.
KAMMERHERREN *(rejser sig)*. Jeg kan ikke gøre mere.
FJELDBO. Jo, jo, for Guds skyld; De både kan og må. De må frelse den ulykkelige –
KAMMERHERREN. Og på hvilken måde?
FJELDBO. Simpelt hen; vedkend Dem underskriften.
KAMMERHERREN. De mener, herr værkslæge, at man i vor familje kan begå noget af hvert?
FJELDBO. Jeg mener det bedste, herr kammerherre.
KAMMERHERREN. Og De har et eneste øjeblik kunnet tro mig istand til en løgn? Til at spille under dække med falsknere?
FJELDBO. Og véd De, hvad det ellers drager efter sig?
KAMMERHERREN. Det blir en sag mellem forbryderen og straffeloven.
(han går ind til venstre.)
(Teppet falder.)

FJERDE AKT

(En gæstestue hos madam Rundholmen. Indgangsdør i baggrunden; mindre døre på begge sider. Til højre et vindu; foran samme et bord med skrivesager; et andet bord, noget tilbage, midt i stuen.)

MADAM RUNDHOLMEN *(højrøstet indenfor til venstre).* Ja, det gier jeg en god dag! Du kan sige, de er kommet her for at stemme og ikke for at drikke. Vil de ikke vente, kan de gøre hvad de vil.

SAGFØRER STENSGÅRD *(kommer fra baggrunden).* Godmorgen! Hm; hm! Madam Rundholmen! *(går til døren til venstre og banker på.)* Godmorgen, madam Rundholmen!

MADAM RUNDHOLMEN *(indenfor).* Uf, hvem er det?

STENSGÅRD. Det er mig, – Stensgård. Må jeg komme ind?

MADAM RUNDHOLMEN. Nej Gud må De ikke, nej! Jeg har ikke fået klæderne på.

STENSGÅRD. Hvad for noget? Er De så sent oppe idag?

MADAM RUNDHOLMEN. Å, jeg har såmæn været oppe, før fanden fik sko på; men en må da se ud som et menneske, véd jeg. *(med et kastetørklæde over hovedet, kiger ud)* Nå, hvad er det så? Nej, De må rigtig ikke se på mig, herr Stensgård. – Uf, der er nogen igen!
(smækker døren i.)

BOGTRYKKER ASLAKSEN *(med en pakke aviser, fra baggrunden).* Godmorgen, herr Stensgård?

STENSGÅRD. Nå, står det der?

ASLAKSEN. Ja, det står der. Se her: «Ejdsvoldsdagens højtideligholdelse», – «fra vor specielle korrespondent». Her, på den anden side, kommer foreningens stiftelse; Deres tale står deroppe; jeg har sat alle grovhederne med spærret.

STENSGÅRD. Jeg synes altsammen er spærret.

ASLAKSEN. Å ja, det blir omtrent altsammen.

STENSGÅRD. Og ekstranummeret er naturligvis blevet uddelt igår?

ASLAKSEN. Forstår sig; hele sognet over, både til abonnenterne og til de andre. Vil De se?

(rækker ham et eksemplar.)

STENSGÅRD *(løber bladet igennem).* – – «Hædersmanden Anders Lundestad agter at frasige sig storthingshvervet» – «lang og tro tjeneste» – «som digteren siger: nu hvil dig, borger,det er fortjent!» Hm; – «den på frihedsdagen stiftede forening: de unges forbund» – «sagfører Stensgård, foreningens ledende tanke» – «tidsmæssige reformer, lettet adgang til lån» – Nåja, det er ret velskrevet. Er valgforretningen begyndt?

ASLAKSEN. Den er i fuld gang. Hele vor forening er mødt frem; både de stemmeberettigede og de andre.

STENSGÅRD. Å, fanden ivold med de andre, – ja, mellem os sagt da. Nå, gå nu ud og snak med dem, De holder for tvivlsomme –

ASLAKSEN. Ja vel; ja vel!

STENSGÅRD. De kan sige dem det, at jeg og Lundestad er så omtrent enige –

ASLAKSEN. Stol De på mig; jeg kender de lokale forholde.

STENSGÅRD. Og så én ting til. Vær nu snild, Aslaksen; drik nu ikke idag –

ASLAKSEN. Å, hvad er det –!

STENSGÅRD. Siden skal vi ha'e os en lystig aften; men husk på, hvad det gælder for Dem selv også; Deres avis –; ja, kære, lad mig nu se, De holder Dem –

ASLAKSEN. Å, jeg vil s'gu ikke høre mere; jeg tænker enhver kan passe sig selv.

(går ud til højre.)

MADAM RUNDHOLMEN *(pyntet, fra venstre).* Se så, herr Stensgård; her har De mig. Var det så noget vigtigt –?

STENSGÅRD. Nej, ikke andet, end at De må være så god at sige mig til, når proprietær Monsen kommer.
MADAM RUNDHOLMEN. Han kommer såmæn ikke her idag.
STENSGÅRD. Kommer han ikke?
MADAM RUNDHOLMEN. Nej, han kørte forbi imorges klokken fire; han ligger nu altid i landevejen. Og så kom han her indom og tog mig på sengen, som de siger. Han vilde låne penge, skal De vide.
STENSGÅRD. Vilde Monsen?
MADAM RUNDHOLMEN. Ja. Det er en svær mand til at bruge penge. Gid det nu bare må gå godt med ham. Og det vil jeg da ønske Dem også; ja, for der er nogen, som siger, at De skal vælges på thinget.
STENSGÅRD. Jeg? Snak. Hvem siger det?
MADAM RUNDHOLMEN. Å, det var nogen af Anders Lundestads folk.
DANIEL HEJRE *(fra baggrunden).* Se, se! Godmorgen! Jeg forstyrrer da vel ikke?
MADAM RUNDHOLMEN. Nej, bevares vel!
DANIEL HEJRE. Gudsdød, hvor strålende! Det er da vel aldrig for mig De har pyntet Dem?
MADAM RUNDHOLMEN. Jo visst er det så. Det er jo for ungkarlene en pynter sig, véd jeg.
DANIEL HEJRE. For frierne, madam Rundholmen; for frierne! Desværre, mine mange processer optager al min tid –
MADAM RUNDHOLMEN. Å, Pokker; til at gifte sig har en altid tid.
DANIEL HEJRE. Nej Gud har en ikke, nej! At gifte sig, det er netop noget, som kræver sin mand, det. Nå, hvad skal en sige? Kan De ikke få mig, så kan De vel få en anden. Ja, for gifte Dem skulde De.
MADAM RUNDHOLMEN. Ja, véd De hvad; jeg tænker stundom på det.
DANIEL HEJRE. Begribeligt; når man engang har prøvet

ægtestandens lyksalighed –; salig Rundholmen var jo et pragteksemplar –

MADAM RUNDHOLMEN. Å, det vil jeg ikke sige; grov var han, og drak gjorde han også; men en mand er nu en mand alligevel.

DANIEL HEJRE. Det er et sandt ord, madam Rundholmen; en mand er en mand, og en enke er en enke –

MADAM RUNDHOLMEN. Og forretninger er forretninger. Å, det er færdig at løbe rundt for mig, når jeg tænker på alt det, jeg har at stå i. Købe vil de allesammen; men nårbetalingsdagen kommer, så må en bruge både stævning og eksekution og plynder. Jeg mener snart, jeg får lægge mig til en fast prokurator.

DANIEL HEJRE. Ja, men hør, madam Rundholmen, – så skulde De minsæl lægge Dem til sagfører Stensgård; han er løs og ledig –

MADAM RUNDHOLMEN. Uf, De er så fæl i Deres mund; jeg vil rigtig ikke høre mere på Dem.

(ud til højre.)

DANIEL HEJRE. Et solid fruentimmer, De! Ferm og fejende; ingen børn til dato; penge på rente. Dannelse har hun også; en meget udbredt læsning, faer!

STENSGÅRD. Udbredt læsning; ja så?

DANIEL HEJRE. He-he; det skulde jeg mene; hun har stået to år i bogtrykker Alms lejebibliothek. Nå, men idag har De vel ganske andre ting i hodet, kan jeg tænke.

STENSGÅRD. Sletikke; jeg afgiver neppe min stemme engang. Men hvem skal nu De stemme på, herr Hejre?

DANIEL HEJRE. Jeg er ikke stemmeberettiget, højstærede! Her var jo kun ét matrikuleret hundehus tilkøbs, og det fik De.

STENSGÅRD. Skulde De blive husvild, så skal jeg afstå det.

DANIEL HEJRE. He-he; De er spøgefuld; – ak ja, den kære ungdom, den har et velsignet humør. Men nu vil jeg såmæn ud og se på menageriet. Hele Deres forening skal være mødt frem, hører jeg. *(ser doktor Fjeldbo, som kommer fra baggrunden.)* Der har vi doktoren også! Ja, det er vel på videnskabens vegne, De indfinder Dem?

FJELDBO. På videnskabens?

DANIEL HEJRE. Ja, i anledning af epidemien; her er jo udbrudt en ondartet rabies agitatoria. Vorherre være med jer, mine kære unge venner! *(ud til højre.)*

STENSGÅRD. Hør; sig mig i en fart, har du set kammerherren idag.

FJELDBO. Ja.

STENSGÅRD. Og hvad sagde han?

FJELDBO. Hvad han sagde?

STENSGÅRD. Ja visst; jeg har skrevet ham til.

FJELDBO. Har du det? Hvad har du skrevet?

STENSGÅRD. At jeg holder fast ved håbet om hans datter; at jeg vil tale med ham om den sag, og at jeg derfor kommer til ham imorgen.

FJELDBO. Du skulde ialfald opsætte besøget. Det er kammerherrens fødselsdag imorgen; der kommer en hel del mennesker –

STENSGÅRD. Just derfor; jo flere jo bedre. Jeg har store kort på hånden, skal du vide.

FJELDBO. Og de kort har du kanske ladet dig forlyde med?

STENSGÅRD. Hvorledes?

FJELDBO. Jeg mener, du har kanske prydet din elskovserklæring med sådanne nogle små trusler eller sligt?

STENSGÅRD. Fjeldbo, du har set brevet!

FJELDBO. Nej, jeg forsikkrer dig –

STENSGÅRD. Nå ja, ligefrem, – jeg har truet ham.

FJELDBO. Ja, så har jeg på en måde et svar til dig.

STENSGÅRD. Et svar? Frem med det, menneske!

FJELDBO *(viser ham et forseglet papir).* Se her. Kammerherrens

stemmeseddel.
STENSGÅRD. Og hvem stemmer han på?
FJELDBO. Han stemmer ialfald ikke på dig.
STENSGÅRD. På hvem da? På hvem, spørger jeg?
FJELDBO. På amtmanden og provsten.
STENSGÅRD. Hvad for noget? Ikke på Lundestad engang?
FJELDBO. Nej. Og véd du hvorfor? Fordi Lundestad vil opstille dig som sin eftermand.
STENSGÅRD. Så vidt vover han at drive det!
FJELDBO. Ja, han gør. Og han tilføjede: træffer De Stensgård, så fortæl ham, hvorledes jeg stemmer; han skal vide på hvad fod han har mig.
STENSGÅRD. Godt; han skal få det, som han vil.
FJELDBO. Betænk dig; det er farligt at rive et gammelt tårn, – en kan selv gå i løbet.
STENSGÅRD. Å, jeg er bleven klog på et par dage.
FJELDBO. Så? Du er dog ikke bleven klogere, end at du fremdeles laer gamle Lundestad trække om med dig.
STENSGÅRD. Du tror ikke jeg har gennemskuet Lundestad? Du tror ikke jeg skønner, at han vendte sig til mig, fordi han mente jeg havde vundet kammerherren, og fordi han vilde splitte vor forening og holde Monsen ude?
FJELDBO. Men nu, da han véd, at du ikke har vundet kammerherren –
STENSGÅRD. Han er gået for vidt til at kunne træde tilbage; og jeg har nyttet tiden, sendt blade ud; de fleste af hans tilhængere møder ikke frem; alle mine er her –
FJELDBO. Der er et stort spring fra valgmand til storthingsmand.
STENSGÅRD. Lundestad véd meget godt, at svigter han mig i valgmandsforsamlingen, så er jeg mand for at agitere ham ud af kommunalbestyrelsen.

FJELDBO. Ikke så ilde beregnet. Men for at alt dette skal lykkes, føler du selv, at du må være groet fast her med solidere rødder, end nu.

STENSGÅRD. Ja, disse mennesker kræver jo altid materiel betryggelse, lighed i interesser –

FJELDBO. Rigtig; og derfor skal frøken Bratsberg offres.

STENSGÅRD. Offres? Da var jeg en skurk, simpelt hen. Men jeg føler det så godt, det skal blive til hendes lykke. Hvad nu? Fjeldbo, hvad er det dog? Også du har noget bag øret –

FJELDBO. Jeg?

STENSGÅRD. Ja, du har! Du går i stilhed og arbejder imod mig. Hvorfor gør du det? Vær ærlig –! Vil du?

FJELDBO. Oprigtigt talt, nej. Du er for farlig, for samvittighedsløs, – nå-nå-nå, for hensynsløs ialfald, til at man tør være ærlig imod dig. Hvad du véd, det bruger du uden betænkning. Men så sandt jeg er din ven, så sandt råder jeg dig: slå frøken Bratsberg af tankerne.

STENSGÅRD. Jeg kan ikke. Jeg må frelse mig ud af al den styghed, jeg her står i. Jeg kan ikke leve længere i dette røre. Her må jeg gå og lade mig tage under armen af Ole Persen og Per Olsen, må hviske i krogene med dem, drikke dramme med dem, slå en latter op over deres Bajerølvittigheder, være dus med seminarister og slige halvstuderte røvere. Hvorledes kan jeg bevare mig frisk i min kærlighed til folket midt i alt dette? Det er som det lynende ord svigter mig. Jeg har ikke albuerum; ikke ren luft at ånde. O, det kommer stundom over mig som en længsel efter fine kvinder. Jeg vil noget, som der er skønhed i! Jeg ligger her som i en grumset bugt, og derude skyller den klare blå strøm forbi mig; – å, hvad forstår du dig på sligt!

GÅRDBRUGER LUNDESTAD *(fra baggrunden).* Her træffer en jo godt folk. Godmorgen!

STENSGÅRD. Nu skal De høre nyt, herr Lundestad! Véd De, hvem kammerherren stemmer på?
FJELDBO. Ti stille; det er uredeligt af dig!
STENSGÅRD. Det bryder jeg mig ikke om. Han stemmer på amtmanden og provsten.
LUNDESTAD. Å ja, det måtte vi vente os. De har jo fordærvet det med ham; – jeg bad Dem dog så vakkert at spille Deres kort fint.
STENSGÅRD. Jeg skal også spille fint – herefter.
FJELDBO. Tag dig ivare, at ikke andre gør det samme.
(ud til højre.)
STENSGÅRD. Der er noget, som stikker bagved med det menneske. Kan De skønne, hvad det er?
LUNDESTAD. Nej, jeg kan ikke. Men det er sandt, – jeg ser, De har været ude i avisen.
STENSGÅRD. Jeg?
LUNDESTAD. Ja, med sådan en pen ligpræken over mig.
STENSGÅRD. Det er naturligvis Aslaksen, det bæst –
LUNDESTAD. Deres udfald mod kammerherren står der også.
STENSGÅRD. Det kender jeg ikke noget til. Vil jeg kammerherren tillivs, så har jeg hvassere våben.
LUNDESTAD. Ja så?
STENSGÅRD. Kender De den veksel der? Se på den. Er den god?
LUNDESTAD. Om den er god? Den veksel der?
STENSGÅRD. Ja visst; se rigtig på den.
DANIEL HEJRE *(fra højre).* Men hvad i Pokkers skind og ben kan det dog –? Ah, se der! Nej, jeg beer Dem, mine herrer, bliv dog stående! Véd De, hvad De så levende minded mig om? De minded mig om en sommernat i det høje Nord.
LUNDESTAD. Det var en underlig lignelse.
DANIEL HEJRE. En meget ligefrem lignelse. Den nedgående og *og* den opgående sol i øm forening. Å, det var dejligt, var det!

Men à propos, hvad Pokker er der ivejen derude? Statsborgerne farer omkring som opskræmte høns, og kagler og galer og véd ikke, hvad pind de vil sætte sig på.

STENSGÅRD. Ja, det er også en dag af vigtighed.

DANIEL HEJRE. Å, De med Deres vigtighed! Nej, det er noget ganske andet, mine kære venner! Der hviskes om en stor ruin; bankerot, – ja, ikke politisk, herr Lundestad; Gudbevares!

STENSGÅRD. Bankerot?

DANIEL HEJRE. He-he, nu kom der liv i sagføreren. Ja, bankerot; der er nogen, som står for fald; øksen ligger ved roden af træet; – noksagt; der skal være kørt to fremmede herrer forbi; men hvorhen? Hvem gælder det? Véd ikke De noget, herr Lundestad?

LUNDESTAD. Jeg véd den kunst at tie, herr Hejre.

DANIEL HEJRE. Naturligvis; De er jo en politisk figur, en statsmand, he-he! Men jeg må minsæl afsted og få lys i sagen. Det er så inderlig morsomt med disse vekselryttere; de er ligesom perler på en snor: triller først én, så triller de allesammen.

(ud i baggrunden.)

STENSGÅRD. Er der noget sandt i al den sladder?

LUNDESTAD. De viste mig en veksel. Jeg syntes, jeg så grosserer Bratsbergs navn på den.

STENSGÅRD. Kammerherrens også.

LUNDESTAD. Og så spurgte De mig, om den var god?

STENSGÅRD. Ja visst; se blot på den.

LUNDESTAD. Den er s'gu ikke meget god.

STENSGÅRD. De ser det altså?

LUNDESTAD. Hvilket?

STENSGÅRD. At den er falsk.

LUNDESTAD. Falsk? Falske veksler er gerne de sikkreste; dem

indfrier man først.

STENSGÅRD. Men hvad mener De? Er den ikke falsk?

LUNDESTAD. Det er nok ikke så vel.

STENSGÅRD. Hvorledes?

LUNDESTAD. Jeg er ræd, her er formange af den slags, herr Stensgård.

STENSGÅRD. Hvad? Det er da vel aldrig muligt, at –?

LUNDESTAD. Triller grosserer Bratsberg af snoren, så triller vel også de, som nærmest er.

STENSGÅRD *(griber ham i armen).* Hvem mener De med nærmest?

LUNDESTAD. Er der nogen nærmere end fader og søn?

STENSGÅRD. Men du gode Gud –!

LUNDESTAD. Det kommer ikke fra mig! Husk på, det var Daniel Hejre, som snakked om bankerot og ruin og –

STENSGÅRD. Dette her er som et lynslag over mig.

LUNDESTAD. Å, der er så mangen en holden mand, som ryger af pinden. En er for god af sig; går hen og kautionerer; kontanter er ikke altid at få fat i; og kommer ejendommene til auktion, så sælges de for en slik –

STENSGÅRD. Og alt dette, det rammer naturligvis, – det rammer børnene også!

LUNDESTAD. Ja, frøkenen gør det mig rigtig ondt for. Mødrenearv har hun ikke stort af; og Gud véd, om det er sikkret, det lille hun har.

STENSGÅRD. O, nu forstår jeg Fjeldbos råd; han er dog den gamle trofaste!

LUNDESTAD. Hvad har doktor Fjeldbo sagt?

STENSGÅRD. Han er for trofast til at sige noget; men jeg forstår ham alligevel. Og jeg forstår også Dem nu, herr Lundestad.

LUNDESTAD. Har De ikke forstået mig før nu?

STENSGÅRD. Ikke tilbunds; jeg glemte historien om rotterne og det brændende hus.

LUNDESTAD. Det var ikke videre vakkert sagt. Men hvad fejler Dem? De ser så ilde ud. Gudsdød, jeg har da vel aldrig gjort en ulykke?

STENSGÅRD. Hvad slags ulykke?

LUNDESTAD. Jo, jo; jeg ser det. Å, jeg gamle fæ! Kære herr Stensgård, når De virkelig elsker pigen, hvad gør det så, om hun er rig eller fattig?

STENSGÅRD. Hvad det gør? Nej, ganske visst –

LUNDESTAD. Herregud, et lykkeligt ægteskab grundes da ikke på penge, véd jeg.

STENSGÅRD. Naturligvis.

LUNDESTAD. Og med stræbsomhed og flid kan De nok engang komme påfode. Lad ikke trange kår skræmme Dem. Jeg véd, hvad kærlighed er; jeg læste meget om det kapitel i min ungdom. Lykke i huset; en trofast kvinde –; kære, kære, far således frem, at De ikke skal leve i anger bagefter.

STENSGÅRD. Men hvorledes skal det så gå med Dem?

LUNDESTAD. Det får gå, som det kan. Tror De, jeg vil kræve et sligt hjertets offer af Dem?

STENSGÅRD. Men jeg skal bringe offeret. Ja, jeg skal vise Dem, jeg har kraft til det. Derude står et folk i *ængsel*; de begærer mig ligesom i en ordløs klage. O, hvor skulde jeg her turde vægre mig!

LUNDESTAD. Ja, men ejendomsmanden –?

STENSGÅRD. Jeg skal vide at fyldestgøre mine medborgeres krav i så henseende, herr Lundestad! Jeg ser vejen, en ny vej; og den slår jeg ind på. Jeg gør afkald på den lykke at arbejde i forsagelse for hende, jeg elsker. Jeg siger til mit folk: her er jeg, – tag mig!

LUNDESTAD *(ser i stille beundring på ham og trykker hans hånd).* Sandelig, De har fået store gaver, herr Stensgård! *(ud til højre.)*

(Stensgård går et par gange op og ned ad gulvet; snart standser han ved vinduet, snart river han sig i håret. Lidt efter kommer Bastian Monsen fra baggrunden.)
BASTIAN. Her ser du *mig*, du!
STENSGÅRD. Hvor kommer du fra?
BASTIAN. Fra nationen.
STENSGÅRD. Nationen? Hvad vil det sige?
BASTIAN. Véd du ikke, hvad nationen vil sige? Det vil sige folket; det menige folk; de, som ingenting har og ingenting er; de, som ligge bundne –
STENSGÅRD. Hvad fanden er det for abekatstreger?
BASTIAN. Hvilket?
STENSGÅRD. Jeg har mærket i den sidste tid, du går og efterligner mig; ligetil min påklædning og min håndskrift så skaber du den efter. Du skal holde op med det.
BASTIAN. Hvad nu? hører ikke vi to til samme parti?
STENSGÅRD. Ja, men jeg tåler ikke sligt; – du gør dig selv latterlig –
BASTIAN. Gør jeg mig latterlig ved at ligne dig?
STENSGÅRD. Ja, ved at abe efter. Vær nu snild, Monsen, og lad sligt fare; det er så ækkelt at se på. Men hør, sig mig en ting, – når kommer din fader tilbage?
BASTIAN. Det véd jeg ikke noget om. Han er rejst indover til Kristiania, tror jeg; kanske kommer han ikke tilbage på de første otte dage.
STENSGÅRD. Ikke det? Det vilde være slemt. Men han har jo en stor forretning igang, siges der?
BASTIAN. Jeg har også en forretning. Hør du, Stensgård, du må gøre mig en villighed.
STENSGÅRD. Gerne; hvad skulde det være?
BASTIAN. Jeg kender mig så stærk. Det kan jeg takke dig for; du har vækket mig. Jeg må gøre noget, du; – jeg vil gifte mig.

STENSGÅRD. Gifte dig? Med hvem?
BASTIAN. Hys! Her i huset.
STENSGÅRD. Madam Rundholmen?
BASTIAN. Hys! Ja, hende er det. Læg et godt ord ind for mig, du! Jeg må ind i noget sligtnoget. Hun sidder i en stor rørelse; står sig godt med kammerherrens siden den tid hendes søster tjente som husholderske der. Får jeg hende, så får jeg kanske kommunalarbejderne med. Ja, i det hele taget, – jeg elsker hende, død og pine!
STENSGÅRD. Å, elske, elske! Lad det væmmelige hykleri fare.
BASTIAN. Hykleri!
STENSGÅRD. Ja; du lyver for dig selv ialfald. Her snakker du i ét åndedrag om vejarbejder og kærlighed. Kald dog enhver ting med sit rette navn. Der er noget smudsigt i dette her; jeg vil ikke have noget med det at bestille –
BASTIAN. Men så hør da –!
STENSGÅRD. Lad mig være udenfor, siger jeg! *(til doktor Fjeldbo, som kommer fra højre.)* Nå, hvorledes går valget?
FJELDBO. For dig går det visst udmærket. Jeg talte nu med Lundestad; han sagde, du får sågodtsom alle stemmer.
STENSGÅRD. Nej, gør jeg det!
FJELDBO. Men hvad Pokker nytter det? Når du ikke er ejendomsmand, så –
STENSGÅRD *(dæmpet).* Er det dog ikke forbandet!
FJELDBO. Nå, man kan jo ikke skøtte to ting på engang. Vil man vinde på en kant, får man finde sig i at tabe på en anden. Farvel!
(ud i baggrunden.)
BASTIAN. Hvad mente han med at vinde og tabe?
STENSGÅRD. Det skal jeg sige dig siden. Men hør, kære Monsen, – for at komme tilbage til det, vi talte om; jeg lovte at lægge et godt

ord ind for dig –

BASTIAN. Lovte du? Jeg syntes du sagde tvertimod –?

STENSGÅRD. Sniksnak; du lod mig jo ikke komme tilorde. Jeg vilde sagt, at der er noget smudsigt i dette her, at blande sin kærlighed sammen med vejarbejder og sligt; det er synd imod det bedste man har i sit bryst; – og derfor, kære ven, når du altså virkelig elsker pigen –

BASTIAN. Enken.

STENSGÅRD. Å, ja-ja; det er jo det samme. Jeg mener, når man virkelig elsker en kvinde, så er dette noget, som i og for sig bør være afgørende –

BASTIAN. Ja, det synes jeg også. Og så vil du altså tale for mig?

STENSGÅRD. Ja, det vil jeg med stor glæde. Men det er på en betingelse.

BASTIAN. Nå?

STENSGÅRD. Lige for lige, kære Bastian; – du skal tale for mig igen.

BASTIAN. Jeg? Hos hvem?

STENSGÅRD. Har du virkelig ikke mærket noget? Det ligger dog så nær.

BASTIAN. Det er da vel aldrig –?

STENSGÅRD. Ragna, din søster, du! Jo, hende er det. O, du véd ikke, hvor det har grebet mig at se hende gå der i stille fordringsløs huslighed –

BASTIAN. Nej, skulde det være muligt?

STENSGÅRD. Men at ikke du, med dit skarpe blik, har kunnet mærke det?

BASTIAN. Jo, før syntes jeg nok –; men nu snakkes der så meget om, at du er begyndt at vanke hos kammerherrens –

STENSGÅRD. Å hvad, kammerherrens! Ja, Monsen, jeg vil oprigtigt sige dig, der var et øjeblik, da jeg ligesom stod uviss; men, Gudskelov, det drev forbi; nu er jeg klar over mig selv og den vej, jeg har at gå.

BASTIAN. Her er min hånd. Jeg skal snakke, kan du tro. Og hvad Ragna angår, – hun tør ikke andet, end det, som jeg og faer vil.

STENSGÅRD. Ja, men din faer, – det var netop det jeg vilde sige –

BASTIAN. Hys; død og plage, der hører jeg madam Rundholmen; tal nu for mig, – hvis hun ikke har altfor travlt; for da er hun så striks på det. Ja, kære, gør nu dit bedste; resten skal jeg selv besørge. Har du ikke set bogtrykker Aslaksen her?

STENSGÅRD. Han er visst ved valgforretningen.

(Bastian går ud i baggrunden; i det samme kommer madam Rundholmen fra højre.)

MADAM RUNDHOLMEN. Nu går det rigtig som det var smurt, herr Stensgård; alle så stemmer de på Dem.

STENSGÅRD. Det er dog besynderligt.

MADAM RUNDHOLMEN. Ja; Gud véd, hvad Monsen på Storli vil sige.

STENSGÅRD. Hør; et ord, madam Rundholmen!

MADAM RUNDHOLMEN. Nå, hvad er det?

STENSGÅRD. Vil De høre på mig?

MADAM RUNDHOLMEN. Jøsses, det vil jeg så gerne.

STENSGÅRD. Nu vel. De talte nylig om Deres enlige stand –

MADAM RUNDHOLMEN. Å, det var jo den fæle gamle Hejre –

STENSGÅRD. De klaged over, hvor svært det er at sidde som enke –

MADAM RUNDHOLMEN. Ja, Gud, De skulde bare prøve det, herr Stensgård!

STENSGÅRD. Men hvis der nu kom en rask ung mand –

MADAM RUNDHOLMEN. En rask ung mand?

STENSGÅRD. En, som længe havde gået i stilhed og holdt af Dem –

MADAM RUNDHOLMEN. Nej, véd De hvad, nu vil jeg ikke høre mere på Dem.

STENSGÅRD. De må! En ung mand, som også finder det svært at stå alene –

MADAM RUNDHOLMEN. Ja, hvad så? Jeg forstår Dem sletikke.
STENSGÅRD. Når De nu kunde skabe to menneskers lykke, madam Rundholmen, – både Deres egen og –
MADAM RUNDHOLMEN. Og en rask ung mands?
STENSGÅRD. Ja vel; svar mig på det –
MADAM RUNDHOLMEN. Å nej, Stensgård, det er da vel aldrig Deres alvor?
STENSGÅRD. Hvor kan De tro, jeg vil narre Dem! Skulde De så ikke være villig –?
MADAM RUNDHOLMEN. Jo, det véd Vorherre jeg er! Kære søde –
STENSGÅRD *(et skridt tilbage)* Hvad?
MADAM RUNDHOLMEN. Uf, der er nogen!
(Frøken Monsen kommer ilsomt og urolig fra baggrunden.)
RAGNA. Med tilladelse, er ikke faer her?
MADAM RUNDHOLMEN. Deres faer? Jo; nej; – jeg véd ikke; – undskyld –
RAGNA. Hvor er han?
MADAM RUNDHOLMEN. Deres faer? Nå; nej, han er kørt forbi –
STENSGÅRD. Indover til Kristiania.
RAGNA. Nej, det er umuligt –
MADAM RUNDHOLMEN. Ja, forbi er han kørt, det véd jeg. Å, men frøken Monsen, De kan ikke tro hvor glad jeg er! Vent nu lidt, mens jeg løber ned i kælderen og henter en flaske af den ægte.
(ud til venstre.)
STENSGÅRD. Sig mig, frøken, – er det virkelig Deres fader, De søger?
RAGNA. Ja, det hører De jo.
STENSGÅRD. Og De har ikke vidst, at han er rejst hjemmefra?
RAGNA. O, hvad véd jeg? Man siger mig ingenting. Men til Kristiania? Det er umuligt; de måtte have mødt ham. Farvel!
STENSGÅRD *(træder ivejen).* Ragna! Hør! Hvorfor er De så forandret

imod mig?

RAGNA. Jeg! Slip mig frem! Lad mig gå!

STENSGÅRD. Nej, De får ikke gå! Jeg holder det for en forsynets styrelse, at De kom i dette Øjeblik. O, ikke denne skyhed; før var De anderledes.

RAGNA. Ja, det er, Gud være lovet, forbi!

STENSGÅRD. Men hvorfor –?

RAGNA. Jeg har lært Dem bedre at kende; – godt, at jeg lærte det itide.

STENSGÅRD. Ah, så? Man har løjet på mig? Ja, jeg har måske også selv skyld; jeg har været som vævet ind i en forvildelse. Det er over nu! O, når jeg ser Dem, blir jeg et bedre menneske. Det er Dem, jeg holder sandt og inderligt af; det er Dem, jeg elsker, Ragna, – Dem, og ingen anden!

RAGNA. Slip mig forbi! Jeg er ræd for Dem –

STENSGÅRD. O, men imorgen, Ragna, – må jeg da komme og tale med Dem?

RAGNA. Ja, ja, for Guds skyld, blot ikke idag.

STENSGÅRD. Blot ikke idag? Hurra! Jeg er ovenpå; jeg er lykkelig!

MADAM RUNDHOLMEN *(med vin og kager fra venstre).* Se, nu skal vi såmæn drikke et glas på held og velgående.

STENSGÅRD. På lykke i kærlighed! Kærlighedens og lykkens skål! Hurra for den dag imorgen!

(han drikker.)

KANDIDAT HELLE *(fra højre til Ragna).* Har De fundet ham?

RAGNA. Nej, han er her ikke. Kom, kom!

MADAM RUNDHOLMEN. Men, Gudbevares, hvad er det?

KANDIDAT HELLE. Ingenting; der er blot kommet fremmede til Storli og –

RAGNA. Tak for al Deres venlighed, madam Rundholmen –

MADAM RUNDHOLMEN. Å; har De nu fået fremmede på nakken igen?

RAGNA. Ja, ja; undskyld; jeg må hjem. Farvel!

STENSGÅRD. Farvel, – til imorgen!

(Kandidat Helle og frøken Monsen bort i baggrunden.)

DANIEL HEJRE *(fra højre).* Ha, ha; nu går det som kæpper i hjul! Stensgård, Stensgård, Stensgård, kagler de; de vælger ham allesammen. Nu skulde De også vælge ham, madam Rundholmen!

MADAM RUNDHOLMEN. Hi; De siger noget. Men stemmer de allesammen på ham?

DANIEL HEJRE. Jo, de gør såmæn; herr Stensgård nyder folkets tillid, som det heder. Gamle Lundestad går omkring med et ansigt, som en sødsyltet agurk. Å, det er en inderlig fryd at se på.

MADAM RUNDHOLMEN. De skal ikke ha'e valgt ham for ingenting. Kan jeg ikke stemme, så kan jeg traktere.

(ud til venstre.)

DANIEL HEJRE. De er nok rigtig en enkernes Jens, De, herr Stensgård! Ja, véd De hvad, – hende skulde De bide Dem fast i, så var De velberget, faer!

STENSGÅRD. I madam Rundholmen?

DANIEL HEJRE. Ja, netop; det er et fruentimmer, som er solid i alle retninger; hun blir første høne i kurven, såsnart pindeværket på Storli er ramlet overende.

STENSGÅRD. Der er da ikke noget galt fat på Storli?

DANIEL HEJRE. Ikke det? De har en svag hukommelse, højstærede. Taler man ikke om ruin og bankerot og –?

STENSGÅRD. Ja, ja, og hvad så?

DANIEL HEJRE. Hvad så? Ja, sig De mig det. Her har været bud ude efter Monsen; der er kommet to herrer til Storli –

STENSGÅRD. Et par gæster; ja, det véd jeg –

DANIEL HEJRE. Ubudne gæster, min kære unge ven; man hvisker om politi og om glubske kreditorer; – der er galt fat i papirerne, må

De vide! Ja, à propos, – hvad var det for et papir, De fik af Monsen igår?

STENSGÅRD. Å, det var et papir. Galt fat i papirerne, siger De? Hør; De kender jo kammerherre Bratsbergs underskrift?

DANIEL HEJRE. He-he; det skulde jeg mene.

STENSGÅRD *(tager vekslen frem)*. Nå, så se på dette her.

DANIEL HEJRE. Herhid; – jeg er rigtignok noget nærsynt, men – *(efter at have set.)* Det der, højstærede? Det har aldrig været kammerherrens hånd.

STENSGÅRD. Aldrig? Altså dog –!

DANIEL HEJRE. Og den er udstedt af proprietær Monsen?

STENSGÅRD. Nej, af grosserer Bratsberg.

DANIEL HEJRE. Passiar! Lad mig se. *(ser og giver den tilbage.)* Den kan De bruge til at tænde Deres cigar med.

STENSGÅRD. Hvad for noget? Også udstederens navn –?

DANIEL HEJRE. Forfalsket, unge mand; forfalsket, så sandt, som jeg heder Daniel. Man behøver jo bare at se på den med mistroens skærpede blik –

STENSGÅRD. Men hvorledes var det da muligt –? Monsen må ikke have vidst –

DANIEL HEJRE. Monsen? Nej, den karl véd nok hverken besked om sine egne eller andres papirer. Men det er godt, det får en ende, herr Stensgård! Det er en tilfredsstillelse for den moralske følelse. Ah, jeg har tidt følt mig optændt af en ædel harme, om jeg selv tør sige det, ved at måtte gå her og være vidne til –; noksagt. Men det morsomste ved det, er *det*, at når nu Monsen dratter, så trækker han først og fremst grosserer Bratsberg med sig; grossereren trækker kammerherren –

STENSGÅRD. Ja, det sagde Lundestad også.

DANIEL HEJRE. Men der er naturligvis methode i bankerotten. Pas på; jeg er en gammel spåmand: Monsen kommer i tugthuset, grossereren kommer i akkord og kammerherrenkommer under administration; det vil sige, hans kreditorer forærer ham et par tusend daler årlig i livsvarig pension. Det er sådan det går, herr Stensgård! Jeg kender det; jeg kender det. Hvad siger ikke klassikeren? Fiat justitia, pereat mundus; det vil sige: Fy, hvilken justits i denne bedærvede verden, faer!

STENSGÅRD *(op og ned ad gulvet).* Både den ene og den anden! Begge veje stængte!

DANIEL HEJRE. Hvad pokker –?

STENSGÅRD. Og det netop nu! Nu, – nu!

BOGTRYKKER ASLAKSEN *(kommer fra højre).* Tillykke; tillykke, herr valgmand!

STENSGÅRD. Valgt?

ASLAKSEN. Med 117 stemmer, – og Lundestad med 53. De andre er spredt i vind og vejr.

DANIEL HEJRE. Altså Deres første skridt på ærens bane, herr Stensgård!

ASLAKSEN. Og det skal også koste en bolle punsch –

DANIEL HEJRE. Ja, det er jo det første skridt, som koster, siger man.

ASLAKSEN *(ind til venstre, råbende).* Punsch på bordet, madam Rundholmen! Den nye valgmand trakterer!

(Gårdbruger Lundestad og flere vælgere kommer efterhånden ind
fra højre.)

DANIEL HEJRE *(deltagende til Lundestad).* 53! Det er den gråhærdede borgers løn!

LUNDESTAD *(hvisker til Stensgård).* Står De nu rigtig fast i det, som –?

STENSGÅRD. Hvad nytter det at stå fast, hvor alting ramler?

LUNDESTAD. Mener De, spillet skulde være tabt?

ASLAKSEN *(tilbage fra venstre).* Madam Rundholmen koster

punschen selv; – hun er nærmest til det, siger hun.

STENSGÅRD *(slagen af en tanke).* Madam Rundholmen! Nærmest til –!

LUNDESTAD. Hvilket?

STENSGÅRD. Spillet er ikke tabt, herr Lundestad! *(sætter sig og skriver ved bordet til højre.)*

LUNDESTAD *(dæmpet).* Hør Aslaksen; kan jeg få noget ind i avisen til iovermorgen?

ASLAKSEN. Jagud kan De det. Er det grovt?

LUNDESTAD. Nej visst er det ikke grovt.

ASLAKSEN. Ja, det er det samme; jeg taer det alligevel.

LUNDESTAD. Det er mit politiske testament; jeg skriver det ikveld. *(går opover gulvet.)*

EN TJENESTEPIGE *(fra venstre).* Her er punsch fra madamen.

ASLAKSEN. Hurra; nu kommer der liv i de lokale forholde!

(han sætter bollen på det midterste bord, skænker for de øvrige og drikker flittigt under det følgende. Bastian Monsen er imidlertid kommen ind fra højre.)

BASTIAN *(sagte).* Ja, De husker vel på mit brev?

ASLAKSEN. Vær rolig; *(banker sig på brystlommen.)* jeg har det her.

BASTIAN. Og så besørger De det så fort De kan; – når De ser hun har stunder, forstår De.

ASLAKSEN. Forstår; forstår! *(råber.)* Kom nu, her er glassene fyldte!

BASTIAN. De skal fanden ikke gøre det for ingenting.

ASLAKSEN. Godt; godt. *(til pigen.)* En citron, Karen; – vær som en vind!

(Bastian fjerner sig.)

STENSGÅRD. Hør et ord, Aslaksen; kommer De her forbi imorgen aften?

ASLAKSEN. Imorgen aften? Ja, det kan jeg gerne.

STENSGÅRD. Vel; så går De indom og gier madam Rundholmen dette brev.

ASLAKSEN. Fra Dem?

STENSGÅRD. Ja. Put det i lommen. Se så. Imorgen aften altså.

ASLAKSEN. Akkurat; vær De rolig.

(Pigen bringer det forlangte. Stensgård går henimod vinduet.)

BASTIAN. Nå, du, – har du så talt til madam Rundholmen?

STENSGÅRD. Talt? Å ja; jeg har talt lidt –

BASTIAN. Og hvad tror du?

STENSGÅRD. Ja, – jo; vi blev afbrudt; jeg kan ikke sige dig noget bestemt.

BASTIAN. Jeg frister det alligevel; hun klager svært over enkestanden. Om en times tid vil jeg ha'e det afgjort.

STENSGÅRD. Om en times tid?

BASTIAN *(ser madam Rundholmen, som træder ind fra venstre).* Hys; lad ingen mærke noget!

(går opover gulvet.)

STENSGÅRD *(hen til Aslaksen, sagte).* Giv mig brevet igen.

ASLAKSEN. Vil De ha'e det igen?

STENSGÅRD. Ja, hurtig; jeg skal selv besørge det.

ASLAKSEN. Værsågod; her er det.

(Stensgård stikker brevet i lommen og blander sig mellem de øvrige.)

MADAM RUNDHOLMEN *(til Bastian).* Hvad siger så De til valget, Monsen?

BASTIAN. Alt godt; jeg og Stensgård er fine venner, skal jeg fortælle Dem. Det skulde ikke undre mig, om han kommer på thinget.

MADAM RUNDHOLMEN. Men det vilde nok ikke Deres faer se blidt til.

BASTIAN. Å, faer har så mange jern i ilden. Desuden, skikker de Stensgård, så blir æren lige fuldt i familjen, tænker jeg.

MADAM RUNDHOLMEN. Hvorledes det?

BASTIAN. Han går på frierfødder –

MADAM RUNDHOLMEN. Gudbevares; har han sagt noget?

BASTIAN. Ja; og jeg har lovet at tale for ham; det skal gå; jeg tror visst, Ragna har et godt øje til ham.

MADAM RUNDHOLMEN. Ragna?

LUNDESTAD *(kommer nærmere)*. Nå; hvad snakker De så ivrigt om, madam Rundholmen?

MADAM RUNDHOLMEN. Tænk, han siger, at Stensgård går på frierfødder –

LUNDESTAD. Ja vel; men kammerherren er ikke let at bøje –

BASTIAN. Kammerherren?

LUNDESTAD. Han holder hende sagtens for god til en simpel sagfører –

MADAM RUNDHOLMEN. Hvem; hvem?

LUNDESTAD. Frøkenen; datteren, naturligvis.

BASTIAN. Han frier da vel aldrig til frøken Bratsberg, véd jeg?

LUNDESTAD. Minsæl gør han så.

MADAM RUNDHOLMEN. Og det bander De på?

BASTIAN. Og til mig har han sagt –! Hør; lad mig tale med Dem!

(Lundestad og Bastian mod baggrunden.)

MADAM RUNDHOLMEN *(nærmer sig til Stensgård)*. De må være på Deres post, Stensgård!

STENSGÅRD. Mod hvem?

MADAM RUNDHOLMEN. Mod slette mennesker; her er folk, som går og lægger ondt for Dem.

STENSGÅRD. Lad dem det, – når de bare ikke lægger ondt for mig hos én.

MADAM RUNDHOLMEN. Hvem er den ene?

STENSGÅRD *(stikker brevet hemmeligt til hende)*. Se der; læs det, når De blir ensom.

MADAM RUNDHOLMEN. Ak, det vidste jeg nok!

(ind til venstre.)

VÆRKSFORVALTER RINGDAL *(fra højre)*. Nå, jeg hører, De er gået af med sejren, herr sagfører.

STENSGÅRD. Ja, jeg er, herr forvalter; og det tiltrods for Deres højvelbårne principals bestræbelser.

RINGDAL. Hvad har han bestræbt sig for?

STENSGÅRD. For at stemme mig ud.

RINGDAL. Han gør brug af sin valgfrihed, som enhver anden.

STENSGÅRD. Det er kun skade, at han nok ikke oftere kommer til at gøre brug af den.

RINGDAL. Hvad skal det sige?

STENSGÅRD. Jeg mener, eftersom det er så og så fat i papirerne –

RINGDAL. I papirerne! Hvilke papirer? Hvad har De taget Dem for?

STENSGÅRD. Å, De behøver ikke at spille, som om De ingenting forstod. Er her ikke et uvejr ivente? Fallit i stor målestok?

RINGDAL. Jo, det hører jeg fra alle kanter.

STENSGÅRD. Og er kanske ikke både kammerherren og grossereren med i det?

RINGDAL. Med tilladelse, er De gal?

STENSGÅRD. Ja, det er jo naturligt, at De søger at skjule det.

RINGDAL. Hvad skulde det nytte? Kan sligt skjules?

STENSGÅRD. Er det da ikke sandt?

RINGDAL. Ikke en stavelse, hvad kammerherren angår. Men hvor har De kunnet tro sådant noget? Hvem har bildt Dem det ind?

STENSGÅRD. Det siger jeg ikke for øjeblikket.

RINGDAL. Ligemeget. Men hvem der end har gjort det, så ligger der en hensigt under.

STENSGÅRD. En hensigt –!

RINGDAL. Ja, tænk Dem om; er her ingen, som kunde se sin fordel i at holde Dem borte fra kammerherren –?

STENSGÅRD. Min salighed; jo, jo; det er her!

RINGDAL. Kammerherren har meget tilovers for Dem igrunden –

105

STENSGÅRD. Har han?

RINGDAL. Ja, og det vil man forspilde; – man bygger på, at De ikke kender forholdene her, at De er opbrusende og godtroende, at –

STENSGÅRD. O, de øgler! Og madam Rundholmen, som har mit brev!

RINGDAL. Hvilket brev?

STENSGÅRD. Å, ingenting. Men det er ikke for sent endnu! Kære herr Ringdal, træffer De kammerherren iaften?

RINGDAL. Det gør jeg sikkert.

STENSGÅRD. Så sig ham, det var vås med de trusler, han véd nok; sig ham, jeg kommer selv og forklarer alting imorgen.

RINGDAL. Kommer De?

STENSGÅRD. Ja, for at bevise ham; – ah, bevise! Se her, herr Ringdal; giv kammerherren denne veksel fra mig.

RINGDAL. Vekselen –!

STENSGÅRD. Ja, ja; det er noget, som De ikke forstår; men giv ham den blot –

RINGDAL. I sandhed, herr Stensgård –

STENSGÅRD. Og så kan De bare tilføje de simple ord fra mig: det er således jeg handler mod de folk, der vil stemme mig ud ved valgmandsvalget.

RINGDAL. Det kan De lide på.

(ud i baggrunden.)

STENSGÅRD. Hør, herr Hejre, – hvorledes kunde De fare i mig med den historie om kammerherren?

DANIEL HEJRE. Hvorledes jeg kunde fare i Dem –?

STENSGÅRD. Ja visst; det er jo den sorteste løgn –

DANIEL HEJRE. Ej; se-se; det glæder mig inderligt! Tænk Dem, herr Lundestad, det er løgn, det med kammerherren.

LUNDESTAD. Hys; fejl spor; det er nok nærmere.

STENSGÅRD. Hvorledes nærmere?

LUNDESTAD. Jeg véd ingenting! men folk snakker om

madam Rundholmen –

STENSGÅRD. Hvad!

DANIEL HEJRE. Ja, har jeg ikke spået det! Disse forbindelser med proprietariussen på Storli –

LUNDESTAD. Han kørte afgårde imorges, før det blev lyst –

DANIEL HEJRE. Og familjen er ude og leder efter ham –

LUNDESTAD. Og sønnen har travlt med at få søsteren vel forsørget –

STENSGÅRD. Forsørget! «Imorgen», sagde hun; og hendes uro for faderen –!

DANIEL HEJRE. He-he; De skal se, han er gået hen og hængt sig, faer!

ASLAKSEN. Er der nogen, som har hængt sig?

LUNDESTAD. Herr Hejre siger, at Monsen på Storli –

PROPRIETÆR MONSEN *(fra baggrunden)*. Champagne på bordet!

ASLAKSEN og FLERE. Monsen!

MONSEN. Ja, Monsen, ja! Champagnemonsen! Pengemonsen! Vin, i fandens skind og ben!

DANIEL HEJRE. Men, højstærede –!

STENSGÅRD. De! Hvor kommer De fra!

MONSEN. Fra forretninger! Tjent hundrede tusend! Hej; imorgen gør jeg dundrende middag på Storli. Alle ere indbudne. Champagne, siger jeg! Tillykke, Stensgård, De er jo bleven valgmand.

STENSGÅRD. Ja, jeg skal forklare Dem –

MONSEN. Pyt; hvad rager det mig? Vin! Hvor er madam Rundholmen?

(vil ind til venstre.)

TJENESTEPIGEN *(som nylig er trådt ud)*. Der får ingen komme ind; madamen sidder og læser et brev –

BASTIAN. Å, død og pine!

(ud i baggrunden.)

STENSGÅRD. Læser hun et brev?

TJENESTEPIGEN. Ja, og så er hun rent som forstyrret.
STENSGÅRD. Farvel, herr Monsen; imorgen middag på Storli –
MONSEN. Farvel; imorgen!
STENSGÅRD *(dæmpet).* Herr Hejre, vil De gøre mig en tjeneste?
DANIEL HEJRE. Å, såmæn, såmæn.
STENSGÅRD. Så mal mig en liden smule sort for madam Rundholmen; tal lidt tvetydigt om mig; – De gør sligt så udmærket.
DANIEL HEJRE. Hvad Pokker er det for noget?
STENSGÅRD. Jeg har mine grunde; det er en spøg, skal jeg sige Dem, – et væddemål med – med en, som De har et horn i siden til.
DANIEL HEJRE. Aha, jeg forstår –; noksagt!
STENSGÅRD. Altså, fordærv ingenting; gør hende bare en smule tvivlsom i sin dom om mig; sådan lidt uviss indtil videre, skønner De.
DANIEL HEJRE. Vær tryg; det skal være mig en inderlig fornøjelse –
STENSGÅRD. Tak; tak, sålænge! *(over mod bordet.)* Herr Lundestad, vi to tales ved imorgen formiddag hos kammerherrens.
LUNDESTAD. Har De håb?
STENSGÅRD. Et tredobbelt!
LUNDESTAD. Tredobbelt? Men jeg begriber ikke –
STENSGÅRD. Behøves heller ikke; fra nu af skal jeg hjælpe mig selv. *(ud i baggrunden.)*
MONSEN *(ved punschbollen).* Et fuldt glas til, Aslaksen! Hvor er Bastian?
ASLAKSEN. Han foer på døren. Men jeg har et brev at besørge for ham.
MONSEN. Har De det?
ASLAKSEN. Til madam Rundholmen.

MONSEN. Nå endelig!

ASLAKSEN. Men ikke før imorgen aften, sa'e han; hverken før eller senere; akkurat på slaget! Skål!

DANIEL HEJRE *(til Lundestad).* Hvad Pokker er der for maskepi mellem denne herr Stensgård og madam Rundholmen, De?

LUNDESTAD *(sagtere).* Han frier til hende.

DANIEL HEJRE. Tænkte jeg det ikke? Men han bad, jeg skulde sværte ham lidt, gøre ham mistænkt –; noksagt –

LUNDESTAD. Og De lovte det?

DANIEL HEJRE. Ja, naturligvis.

LUNDESTAD. Han skal ha'e sagt om Dem det, at hvad De lover i øst, det holder De i vest.

DANIEL HEJRE. He-he; den kære sjæl, – da skal han sandelig ha'e forregnet sig dennegang.

MADAM RUNDHOLMEN *(med et åbent brev, i døren til venstre).* Hvor er sagfører Stensgård?

DANIEL HEJRE. Han kyssed Deres tjenestepige og gik, madam Rundholmen!

(Teppet falder.)

FEMTE AKT

(Stort modtagelsesværelse hos kammerherrens. Indgang i baggrunden; døre til højre og venstre.)
(Værksforvalter Ringdal står ved et bord og blader i nogle papirer. Det banker.)
RINGDAL. Kom ind!
DOKTOR FJELDBO *(fra baggrunden).* Godmorgen!
RINGDAL. Godmorgen, herr doktor!

FJELDBO. Nå, alting står vel til?
RINGDAL. Jo, tak; her står det nok så vel; men –
FJELDBO. Men?
RINGDAL. Ja, De har da sagtens hørt den store nyhed?
FJELDBO. Nej. Hvad er det for noget?
RINGDAL. Hvad? Har De ikke hørt det, som er hændt på Storli?
FJELDBO. Nej!
RINGDAL. Monsen er rømt inat.
FJELDBO. Rømt? Monsen?
RINGDAL. Rømt.
FJELDBO. Men du gode Gud –?
RINGDAL. Her gik allerede underlige rygter igår; men så kom Monsen tilbage; han må have vidst at forstille sig –
FJELDBO. Men grunden? Grunden?
RINGDAL. Umådelige tab på trælast, siges der; et par huse i Kristiania skal være standset og så –
FJELDBO. Og så er han rømt!
RINGDAL. Indover til Sverig, rimeligvis. Imorges kom øvrigheden til Storli; der skrives op og forsegles –
FJELDBO. Og den ulykkelige familje –?
RINGDAL. Sønnen har nok altid holdt sig udenfor; ialfald lader han nu som ingenting, hører jeg.
FJELDBO. Ja, men datteren da?
RINGDAL. Hys; datteren er her.
FJELDBO. Her?
RINGDAL. Huslæreren bragte hende og de små herover imorges; frøkenen har taget sig af dem i al stilhed.
FJELDBO. Og hvorledes bærer hun dette?
RINGDAL. Å, jeg tænker, nok så tåleligt. De kan vide, efter den behandling, hun har lidt hjemme –; og desuden kan jeg fortælle Dem, at hun – Hys; der er kammerherren.

KAMMERHERREN *(fra venstre)*. Se, er De der, kære doktor?
FJELDBO. Ja, jeg er temmelig tidligt ude. Må jeg nu ønske Dem til lykke med fødselsdagen, herr kammerherre!
KAMMERHERREN. Å, Gud bedre os for hvad lykke den bringer; men De skal have tak; jeg véd, De mener det vel.
FJELDBO. Og tør jeg så spørge Dem, herr kammerherre –
KAMMERHERREN. Først et ord; De skal herefter lade den titel fare.
FJELDBO. Hvad skal det sige?
KAMMERHERREN. Jeg er jernværksejer, slet og ret.
FJELDBO. Å, men hvad er dog dette for urimeligheder?
KAMMERHERREN. Jeg har frasagt mig titel og bestilling. Min underdanigste skrivelse afgår endnu idag.
FJELDBO. Det skulde De dog sove på.
KAMMERHERREN. Når min konge viste mig den nåde at optage mig i sin nærmeste omgivelse, så skete det på grund af en anseelse, som min familje gennem lange slægter havde vidst at bevare.
FJELDBO. Ja, hvad så videre?
KAMMERHERREN. Min familje er beskæmmet, ligeså fuldt, som proprietær Monsen. Ja, De har da vel hørt om Monsen?
FJELDBO. Jo, jeg har.
KAMMERHERREN *(til Ringdal)*. Véd man intet nærmere?
RINGDAL. Intet andet, end at han trækker en hel del af de yngre gårdbrugere med.
KAMMERHERREN. Og min søn?
RINGDAL. Deres søn har skikket mig et opgør. Han kan svare enhver sit; men der blir ingenting tilovers.
KAMMERHERREN. Hm. Ja, vil De så få min ansøgning renskrevet.
RINGDAL. Det skal ske.
(ud gennem den forreste dør til højre.)
FJELDBO. Men har De betænkt Dem? Det hele kan jo ordnes i al stilhed.

KAMMERHERREN. Så? Kan jeg gøre mig selv uvidende om hvad der er sket?

FJELDBO. Å, hvad er der igrunden sket? Han har jo skrevet Dem til, tilstået sin ubesindighed, tryglet om tilgivelse; dette er jo den eneste gang, han har gjort sig skyldig i sligt; hvad er det så, spørger jeg?

KAMMERHERREN. Vilde De handle, som min søn har handlet?

FJELDBO. Han vil ikke gentage det; det er hovedsagen.

KAMMERHERREN. Og hvoraf véd De, at han ikke vil gentage det?

FJELDBO. Om ikke af andet, så véd jeg det af det optrin, De selv har fortalt mig; det med Deres svigerdatter. Hvad der end kommer ud af det forresten, så vil det ryste ham til alvor.

KAMMERHERREN *(opover gulvet)*. Min stakkels Selma! Vor jævne fred og lykke forspildt!

FJELDBO. Der er noget, som står højere. Den lykke har været et skin. Ja, jeg vil sige Dem det: De har i det, som i så meget andet, bygget på en hul grund; De har været forblindet og hovmodig, herr kammerherre!

KAMMERHERREN *(standser)*. Jeg?

FJELDBO. Ja, De! De har pukket på Deres familjes hæderlighed; men når er denne hæderlighed bleven sat på prøve? Véd De, om den vilde stået i fristelsen?

KAMMERHERREN. De kan spare Dem enhver præken, herr doktor; disse sidste dages begivenheder er ikke gået sporløst hen over mig.

FJELDBO. Det tror jeg også; men lad det så vise sig i en mildere dom og i en klarere erkendelse. De bebrejder Deres søn; men hvad har De gjort for Deres søn? De har sørget for at uddanne hans evner, men ikke for at grundlægge en karaktér i ham. De har holdt foredrag over, hvad han skyldte sin hæderlige familje;

men De har ikke ledet og bøjet ogformet ham således, at det blev ham en ubevidst nødvendighed at handle hæderligt.

KAMMERHERREN. Tror De det?

FJELDBO. Jeg både tror det og jeg véd det. Men det er jo så almindeligt her; man sætter opgaven i at lære, istedetfor i at være. Vi ser også hvad det leder til; vi ser det i de hundreder af begavede mennesker, der går halvfærdige omkring og er ét i følelser og stemninger og noget ganske andet i værk og handlesæt. Se nu blot til Stensgård –

KAMMERHERREN. Stensgård, ja! Hvad siger De om Stensgård?

FJELDBO. Stykværk. Jeg har kendt ham fra barnsben af. Hans faer var et vissent drog, en pjalt, et ingenting; han drev en liden høkernæring og pantelånerforretninger ved siden af; eller, rettere sagt, det var konen, som drev det. Hun var et grovslået fruentimmer, det mest ukvindelige, jeg har kendt. Manden fik hun gjort umyndig; ikke en hjertetanke var der i hende. Og i dette hjem vokste Stensgård op. Og så gik han i latinskole tillige. «Han skal studere», sagde moderen; «der skal blie en dygtig inkassator af ham». Styghed i hjemmet; løftelse i skolen; ånden, karakteren, viljen, evnerne, – altsammen hver sin vej. Hvad kunde det føre til, andet, end til splittelse i personligheden?

KAMMERHERREN. Jeg véd ikke, hvad det kunde føre til. Men jeg gad vide, hvad der er godt nok for Dem. Af Stensgård kan man ingenting vente; af min søn heller ikke; men af Dem, naturligvis; af Dem –!

FJELDBO. Ja, af mig; netop af mig. Å, De må ikke smile; jeg hovmoder mig ikke; men jeg har fåt det, som grunder ligevægten, og som gør sikker. Jeg er vokset op under ro og harmoni, i en jævn middelstandsfamilje. Min moder er en kvinde, helt og holdent; hjemme hos os har der aldrig været ønsker udover evnerne;

intet krav er forlist på forholdenes skær; intet dødsfald har grebet forstyrrende ind og efterladt tomhed og savn i kredsen. Der var der kærlighed til skønhed; men den lå inderligt i livsbetragtningen, ikke jævnsides langs med den; der var der hverken forstandens eller stemningens udskejelser –

KAMMERHERREN. Se, se; det er derfor De er bleven så overmåde komplet?

FJELDBO. Langtfra at jeg det tror. Jeg siger kun, at livsvilkårene har stillet sig så uendelig gunstigt for mig; og jeg føler det som et ansvar.

KAMMERHERREN. Lad så være; men når Stensgård intet sådant ansvar har, da er det desto smukkere, at han alligevel –

FJELDBO. Hvilket? Hvad?

KAMMERHERREN. De dømmer ham falskt, min gode doktor! Se her. Hvad siger De til dette?

FJELDBO. Deres søns veksel?

KAMMERHERREN. Ja, den har han sendt mig tilbage.

FJELDBO. Frivilligt?

KAMMERHERREN. Frivilligt og uden betingelser. Det er smukt; det er nobelt; – og derfor står også fra idag af mit hus åbent for ham.

FJELDBO. Betænk Dem! For Deres egen, for Deres datters skyld –

KAMMERHERREN. Å, lad mig være! Han har meget forud for Dem; han er ligefrem idetmindste; men De, De går skjult tilværks.

FJELDBO. Jeg?

KAMMERHERREN. Ja, De! De er bleven den styrende her i huset; De går ud og ind; jeg tager Dem på råd i alting, – og så alligevel –

FJELDBO. Ja, ja; alligevel –?

KAMMERHERREN. Alligevel så er der noget bagved med Dem; noget forbandet; noget – noget fornemt, som jeg ikke udstår!

FJELDBO. Men så forklar Dem dog!

KAMMERHERREN. Jeg? Nej, De skulde forklare Dem, skulde De! Men nu kan De have det så godt.

FJELDBO. Herr kammerherre, vi to forstår ikke hinanden. Jeg har ingen veksel at sende tilbage; men det kunde dog hænde, at jeg bragte et større offer endda.

KAMMERHERREN. Så? Hvorved?

FJELDBO. Ved at tie.

KAMMERHERREN. Ved at tie? Skal jeg sige Dem, hvad jeg kunde have lyst til? At blive grov, bande, gå ind i de unges forbund! De er en højfornem stivnakke, herr værkslæge; – og det passer ikke i vort fri samfund. Se Stensgård; han er ikke noget sådant; og derfor skal han få komme her i huset; han skal –; han skal –! Å, jeg gider min sæl og salighed ikke –!Nu kan De have det så godt; som man reder, så ligger man.

GÅRDBRUGER LUNDESTAD *(fra baggrunden)* Til lykke med dagen, herr kammerherre! Og må jeg så ønske Dem hæder og alt godt –

KAMMERHERREN. Å, Pokker i vold, – havde jeg nær sagt. Det er lapperi altsammen, min kære Lundestad. Der er ingenting, som holder prøve tilbunds i denne verden.

LUNDESTAD. Så siger proprietær Monsens kreditorer også.

KAMMERHERREN. Ja, dette med Monsen! Kom det ikke over Dem, som et lynslag?

LUNDESTAD. Å, De har nu spået det så længe, De, herr kammerherre.

KAMMERHERREN. Hm, hm; – ja visst har jeg så; det er ikke længere siden, end i forgårs; han kom her for at prelle mig –

FJELDBO. Kanske for at frelses.

LUNDESTAD. Ugørligt; han var kommen for dybt i det; – og det, som sker, det er nu altid det bedste.

KAMMERHERREN. Velbekomme! Finder De det også bedst, at De blev slået ved valget igår?

LUNDESTAD. Jeg blev da ikke slået; det gik jo altsammen efter min egen vilje. Stensgård skal en ikke stanges med; han har det, som vi andre må bide os i fingrene efter.
KAMMERHERREN. Ja, det udtryk forstår jeg ikke ganske –?
LUNDESTAD. Han har evne til at rive mængden med sig. Og da han nu er så heldig, at han hverken hindres af karaktér eller af overbevisning eller af borgerlig stilling, så har han så svært let for at være frisindet.
KAMMERHERREN. Jeg skulde dog i sandhed mene, at vi også er frisindede.
LUNDESTAD. Ja Gu' er vi frisindede, herr kammerherre; der er ingen tvivl om det. Men der er det ved det, at vi bare er frisindede på vore egne vegne; men nu kommer Stensgård og er frisindet på andres vegne også. Det er det nye i tingen.
KAMMERHERREN. Og alt dette omvæltningsvæsen vil De fremme?
LUNDESTAD. Jeg har læst i gamle historiebøger, at der før i tiden var folk, som kunde mane spøgelser frem; men de kunde ikke mane dem bort igen.
KAMMERHERREN. Men, kære Lundestad, hvor kan De, som en oplyst mand –?
LUNDESTAD. Jeg véd nok, det er papistisk overtro, herr kammerherre; men det er med nye tanker, som med spøgelser; en kan ikke mane dem bort igen; og derfor får en se at komme ud af det med dem, så godt en kan.
KAMMERHERREN. Ja, men nu, da Monsen er faldet, og rimeligvis hele dette slæng af rolighedsforstyrrere med ham –
LUNDESTAD. Var Monsen faldet en to-tre dage før, så var meget blevet anderledes.
KAMMERHERREN. Desværre; De har været for snar –
LUNDESTAD. Jeg havde også hensyn til Dem, herr kammerherre.
KAMMERHERREN. Til mig?

LUNDESTAD. Vort parti må bevare sin hæderlighed i folks øjne. Vi repræsenterer den gamle, grundfæstede, norske ærlighed. Havde jeg svigtet Stensgård, så véd De han har et papir –
KAMMERHERREN. Ikke nu længere.
LUNDESTAD. Hvad?
KAMMERHERREN. Her er det.
LUNDESTAD. Har han sendt Dem det tilbage?
KAMMERHERREN. Ja. Personlig er han en hædersmand; det skudsmål må jeg give ham.
LUNDESTAD *(tankefuld)*. Sagfører Stensgård har gode gaver.
SAGFØRER STENSGÅRD *(fra baggrunden, standser i døren)*. Får jeg lov at komme nærmere?
KAMMERHERREN *(imod ham)*. Det kan De trygt.
STENSGÅRD. Og De vil tage en lykønskning af mig?
KAMMERHERREN. Det vil jeg.
STENSGÅRD. Så tag den både varm og inderlig! Og slå så en streg over alle skrevne dumheder –
KAMMERHERREN. Jeg holder mig til handlinger, herr Stensgård.
STENSGÅRD. O, Gud velsigne Dem!
KAMMERHERREN. Og fra idag af – siden De så ønsker det – fra idag af er De som hjemme her.
STENSGÅRD. Må jeg? Må jeg det?
(det banker.)
KAMMERHERREN. Kom ind!
(Flere bygdemænd, medlemmer af formandskabet o. s. v. Kammerherren går dem imøde, modtager lykønskninger og taler med dem.)
THORA *(som imidlertid er trådt ind fra den bageste dør til venstre.)* Herr Stensgård, må jeg takke Dem stille.
STENSGÅRD. De frøken!
THORA. Fader har sagt mig, hvor smukt De har handlet.

STENSGÅRD. Men –?
THORA. O, hvor vi har miskendt Dem!
STENSGÅRD. Har De –?
THORA. Det var jo også Deres egen skyld; – nej, nej; det var vor. O, hvor inderlig gerne vilde jeg ikke gøre det godt igen.
STENSGÅRD. Vilde De? Vilde De selv? Vilde De virkelig –?
THORA. Allesammen; kunde vi såsandt –
KAMMERHERREN. Forfriskninger til herrerne, mit barn!
THORA. Nu kommer de.

(hun går op igen mod døren, hvorfra pigen straks efter kommer med vin og bagværk, der bydes omkring under det følgende.)

STENSGÅRD. Kære, fortræffelige Lundestad; jeg føler mig som en sejrende gud!
LUNDESTAD. Så følte De Dem vel igår også.
STENSGÅRD. Pyt; idag er det noget andet; det bedste; kronen på det hele! Glorien, glansen over livet!
LUNDESTAD. Åhå; elskovstanker?
STENSGÅRD. Ingen tanker! Lykke, lykke; kærlighedslykke!
LUNDESTAD. Så svoger Bastian har bragt Dem svaret?
STENSGÅRD. Bastian –?
LUNDESTAD. Ja, han ymted om noget igår; han havde nok lovet at tale for Dem hos en liden pige.
STENSGÅRD. Å, hvad sniksnak –
LUNDESTAD. Vær ikke ræd for mig. Hvis De ikke véd det endnu, så kan jeg sige Dem det: De har sejret, herr Stensgård; jeg har det fra Ringdal.
STENSGÅRD. Hvad har De fra Ringdal?
LUNDESTAD. Jomfru Monsen har givet sit ja.
STENSGÅRD. Hvad siger De?
LUNDESTAD. Sit ja, siger jeg.
STENSGÅRD. Ja? Ja? Og faderen er rømt!

LUNDESTAD. Men ikke datteren.

STENSGÅRD. Sit ja! Midt under en sådan familjeskandale! Hvor ukvindeligt! Sligt må jo støde enhver fintfølende mand tilbage. Men det er en misforståelse, det hele. Jeg har aldrig anmodet Bastian –; hvor kunde så det bæst –? Ligemeget, det kommer mig ikke ved; hvad han har gjort, må han selv svare for.

DANIEL HEJRE *(fra baggrunden).* He-he; stor forsamling; ja, naturligvis; man gør sin opvartning, sine hoser grønne, som man siger. Kanske jeg også må få lov –

KAMMERHERREN. Tak, tak, gamle ven!

DANIEL HEJRE. Gudbevares, højstærede; gør sig endelig ikke så gemen. *(nye gæster kommer.)* Se, der har vi retfærdighedens håndlangere; – exekutionsmagten –; noksagt! *(hen til Stensgård.)* Ah, min kære, lykkelige, unge mand; er De der? Deres hånd! Modtag forsikkringen om en oldings uskrømtede glæde.

STENSGÅRD. Hvorover?

DANIEL HEJRE. De bad mig igår tale en smule tvetydigt om Dem til hende, De véd nok –

STENSGÅRD. Nå ja, ja; hvad så?

DANIEL HEJRE. Det var mig en inderlig fryd at efterkomme Deres ønske –

STENSGÅRD. Hvad så; hvad så, spørger jeg? Hvorledes tog hun det?

DANIEL HEJRE. Som en elskende kvinde, naturligvis; stak i at græde; smækked døren i lås; vilde hverken svare eller vise sig –

STENSGÅRD. Ah, Gudskelov!

DANIEL HEJRE. De er barbarisk! At sætte et enkehjerte på slig grusom prøve; at gå her og glæde sig over skinsygens kvaler –! Men kærligheden har katteøjne; noksagt; thi idag, da jeg foer forbi, stod madam Rundholmen frisk og frodig i det åbne vindu og kæmmed sit hår; så ud som en havfrue, med permission at sige; – å, det er et dygtigt fruentimmer!

STENSGÅRD. Nå? Og så?

DANIEL HEJRE. Ja, så lo hun, som hun var besat, faer; og dermed rakte hun et brev ivejret og råbte: Et frierbrev, herr Hejre; jeg er bleven forlovet igår!

STENSGÅRD. Hvad? Forlovet?

DANIEL HEJRE. En hjertelig lykønskning, unge mand; det glæder mig usigeligt, at jeg var den første, som kunde melde Dem –

STENSGÅRD. Det er sludder! Det er snak!

DANIEL HEJRE. Hvad er snak?

STENSGÅRD. De har ikke forstået hende; eller hun har ikke forstået –; forlovet! Er De gal? Nu, da Monsen er falden, så er rimeligvis hun også –

DANIEL HEJRE. Nej, minsæl er hun ej, faer! Madam Rundholmen står på solide ben.

STENSGÅRD. Ligemeget. Mine tanker går i en ganske anden retning. Det med brevet var bare en spøg, et væddemål, det hørte De jo. Kære herr Hejre, gør mig den tjeneste, ikke at tale et ord til nogen om denne dumme historie.

DANIEL HEJRE. Forstår; forstår! Det skal holdes hemmeligt; det er det, man kalder romantik. Ak, ja; den ungdom, den skal nu altid være så poetisk!

STENSGÅRD. Ja, ja; ti blot; jeg skal lønne Dem for det, – føre Deres processer –; hys; jeg stoler på Dem.
(fjerner sig.)

KAMMERHERREN *(som imidlertid har talt med Lundestad).* Nej, Lundestad, – *det* kan jeg umuligt tro.

LUNDESTAD. Nu svor jeg, herr kammerherre! Jeg har det fra Daniel Hejres egen mund.

DANIEL HEJRE. Hvad har De fra min mund, om jeg tør spørge?
KAMMERHERREN. Sig mig, – har sagfører Stensgård vist dig en veksel igår?
DANIEL HEJRE. Ja, død og plage, det er sandt! Hvorledes hænger det sammen?
KAMMERHERREN. Det skal jeg sige dig siden. Men du fortalte ham jo –
LUNDESTAD. De bildte ham jo ind, at den var falsk?
DANIEL HEJRE. Pyt; en uskyldig spøg, for at gøre ham lidt betuttet i sejersrusen –
LUNDESTAD. Men De sagde jo, at begge underskrifter var falske?
DANIEL HEJRE. Ja, for Pokker, hvorfor ikke ligeságodt begge, som den ene?
KAMMERHERREN. Altså dog!
LUNDESTAD *(til kammerherren).* Og da han *det* hørte –
KAMMERHERREN. Så var det han gav vekselen til Ringdal!
LUNDESTAD. Den veksel, som han ikke længere kunde bruge til at true med.
KAMMERHERREN. Spiller den højmodige; fører mig bag lyset påny; – åbner sig adgang til mit hus; afnøder mig taksigelser, – den, den –! Og den person –!
DANIEL HEJRE. Men hvad er det dog for løjerlige fagter, højstærede?
KAMMERHERREN. Siden; siden, kære ven! *(trækker Lundestad tilside.)* Og den person er det, De beskytter, skubber fremad, hjælper ivejret!
LUNDESTAD. End De selv da?
KAMMERHERREN. O, jeg kunde have lyst til –!
LUNDESTAD *(tyder mod Stensgård, som taler med Thora).* Se derborte. Hvad tanker tror De ikke folk gør sig –?
KAMMERHERREN. De tanker skal jeg bringe dem ud af.

LUNDESTAD. For sent, herr kammerherre; han hjælper sig frem med udsigter og skin og sandsynligheder –

KAMMERHERREN. Jeg kan også manøvrere, herr gårdbruger Lundestad!

LUNDESTAD. Hvad vil De gøre?

KAMMERHERREN. Pas på! *(går hen til Fjeldbo.)* Herr værkslæge Fjeldbo, – vil De vise mig en tjeneste?

FJELDBO. Med glæde!

KAMMERHERREN. Så fordriv den karl derhenne.

FJELDBO. Stensgård?

KAMMERHERREN. Ja, lykkejægeren; jeg tåler ikke at høre hans navn; fordriv ham!

FJELDBO. Men hvorledes kan jeg –?

KAMMERHERREN. Det blir Deres egen sag; jeg giver Dem frie hænder –

FJELDBO. Frie hænder! Det gør De? I et og alt?

KAMMERHERREN. Ja, for Pokker; ja!

FJELDBO. Deres hånd på det, herr kammerherre!

KAMMERHERREN. Her er den.

FJELDBO. I Guds navn da; nu eller aldrig! *(højlydt.)* Må jeg et øjeblik lægge beslag på de tilstedeværendes opmærksomhed?

KAMMERHERREN. Doktor Fjeldbo har ordet!

FJELDBO. Jeg har den glæde, med kammerherre Bratsbergs samtykke, at meddele Dem min forlovelse med hans datter.

(Udbrud af overraskelse. Thora udstøder et let skrig; kammerherren er ifærd med at sige noget, men fatter sig i det. Støj og lykønskninger.)

STENSGÅRD. Forlovelse! *Din* forlovelse –!

DANIEL HEJRE. Med kammerherrens –? Med din –? Med – med –?

LUNDESTAD. Er doktoren fra viddet?

STENSGÅRD. Men, herr kammerherre –?
KAMMERHERREN. Hvad kan jeg gøre? Jeg er frisindet. Jeg slutter mig til de unges forbund!
FJELDBO. Tak, tak, – og tilgivelse!
KAMMERHERREN. Vi befinder os i associationernes tid, herr sagfører; den fri konkurrence leve!
THORA. O, min velsignede fader!
LUNDESTAD. Ja, vi befinder os i forlovelsernes tid også; jeg kan melde en forlovelse til –
STENSGÅRD. Det er opspind!
LUNDESTAD. Nej, visst er det ikke; jomfru Monsens forlovelse –
STENSGÅRD. Usandt; usandt; siger jeg!
THORA. Nej, faer, det er sandt; de er her begge to.
KAMMERHERREN. Hvem? Hvor?
THORA. Ragna og kandidat Helle. Derinde –
(mod den øverste dør til højre.)
LUNDESTAD. Kandidat Helle? Ham altså –!
KAMMERHERREN. Og her; hos mig! *(op mod døren.)* Herud, kære barn!
RAGNA *(viger sky tilbage).* O, nej, nej; her er så mange mennesker!
KAMMERHERREN. Ingen undseelse; hvad kan De for det, som er hændt?
KANDIDAT HELLE. Herr kammerherre, hun er hjemløs nu.
RAGNA. O, tag Dem af os!
KAMMERHERREN. Det skal jeg. Og hjertelig tak, at I tyede til mig!
DANIEL HEJRE. Ja, minsæl lever vi i forlovelsernes tid; jeg kan såmæn supplere listen –
KAMMERHERREN. Hvad? Du? I din alder; – hvilken letsindighed!
DANIEL HEJRE. Å –! Noksagt.
LUNDESTAD. Spillet er tabt, herr Stensgård.

STENSGÅRD. Så? *(højt.)* Nej, nu skal *jeg* supplere listen, herr Daniel Hejre! En meddelelse, mine herrer; også jeg har nået en havn.
KAMMERHERREN. Hvorledes?
STENSGÅRD. Man spiller dobbelt spil; man skjuler sine sande hensigter, når det behøves. Jeg anser det for tilladeligt, når det sker i almenvellets tjeneste. Min livsgerning ligger afstukken foran mig, og den går mig for alting. Min virksomhed er viet til dette distrikt; en ideernes gæring er her at bringe klarhed i. Men det værk magtes ikke af en lykkejæger. Sognets mænd må slutte sig om en af sine egne. Derfor har jeg nu bundet mig fast og uløseligt til interesserne her, – bundet mig med hjertets bånd. Har jeg vakt misforståelse hos nogen, så må det tilgives. Også jeg er forlovet.
KAMMERHERREN. De?
FJELDBO. Forlovet!
DANIEL HEJRE. Bevidnes.
KAMMERHERREN. Men hvorledes –?
FJELDBO. Forlovet? Med hvem?
LUNDESTAD. Det er da vel aldrig –?
STENSGÅRD. En frugt af hjertets og forstandens overvejelser. Ja, mine sognemænd, jeg er forlovet, med enkemadame Rundholmen.
FJELDBO. Med madam Rundholmen!
KAMMERHERREN. Landhandlerens enke?
LUNDESTAD. Hm. Ja så!
KAMMERHERREN. Men jeg løber surr i alt dette. Hvorledes kunde De da –?
STENSGÅRD. Manøvrer, herr jernværksejer!
LUNDESTAD. Han har gode gaver.

BOGTRYKKER ASLAKSEN *(ser ind af døren i baggrunden).* Beer mangfoldig om forladelse –

KAMMERHERREN. Nå, kom ind, Aslaksen! Vil De også gratulere?

ASLAKSEN. Nej, Gudbevares, så grov er jeg ikke. Men jeg må nødvendigt tale med herr Stensgård.

STENSGÅRD. Siden; De kan vente udenfor.

ASLAKSEN. Nej, død og plage, jeg må sige Dem –

STENSGÅRD. Hold Deres mund! Hvad er dette her for påtrængenhed? – Ja, mine herrer, så forunderlige er skæbnens veje. Distriktet og jeg trængte til et fast og varigt bånd imellem os; jeg traf en moden kvinde, som kunde skabe mig et hjem. Nu har jeg kastet lykkejægerhammen, og her har I mig i eders midte, som den jævne folkets mand. Tag mig. Jeg er rede til at stå eller falde på enhver post, hvor eders tillid måtte stille mig.

LUNDESTAD. Han har vundet.

KAMMERHERREN. I sandhed, jeg må sige – *(til pigen, som har nærmet sig ham fra døren i baggrunden.)* Nå, nå; hvad er det? Hvad fniser du af?

PIGEN. Madam Rundholmen –

DE OMSTÅENDE. Madam Rundholmen?

KAMMERHERREN. Hvad hun?

PIGEN. Madam Rundholmen står udenfor med sin kæreste –

DE FLESTE *(i munden på hverandre).* Kæreste? Madam Rundholmen? Men hvorledes –?

STENSGÅRD. Hvilken snak!

ASLAKSEN. Ja, jeg sagde Dem jo –

KAMMERHERREN *(mod døren).* Herind; herind!

(Bastian Monsen med madam Rundholmen under armen fra baggrunden; almindeligt røre.)

MADAM RUNDHOLMEN. Ja, herr kammerherre, De må endelig ikke blive vred –

KAMMERHERREN. Bevares; bevares!
MADAM RUNDHOLMEN. Men jeg måtte rigtig op og vise Dem og frøkenen min kæreste.
KAMMERHERREN. Ja, ja, – De er jo bleven forlovet; men –
THORA. Men vi vidste ikke –
STENSGÅRD *(til Aslaksen).* Men hvorledes er det dog –?
ASLAKSEN. Jeg havde så meget i hodet igår; så meget at tænke på, mener jeg –
STENSGÅRD. Men hun fik jo mit brev, og –
ASLAKSEN. Nej, hun fik Bastian Monsens; her er Deres.
STENSGÅRD. Bastians? Og her –? *(kaster et øje på udskriften, krammer brevet sammen og putter det i lommen.)* O, De forbandede ulykkesfugl!
MADAM RUNDHOLMEN. Ja, såmæn slog jeg til! En skal vogte sig for de falske mandfolk; men når en har sort på hvidt for at en mandsperson mener det redeligt så –. Nej, se; der er sagfører Stensgård også! Ja, De, herr Stensgård, De vil da visst gratulere mig?
DANIEL HEJRE *(til Lundestad).* Hvor glubsk hun ser på ham, De!
KAMMERHERREN. Det vil han visst, madam Rundholmen; men vil ikke De gratulere Deres tilkommende svigerinde!
MADAM RUNDHOLMEN. Hvem?
THORA. Ragna; hun er også bleven forlovet.
BASTIAN. Du, Ragna?
MADAM RUNDHOLMEN. Ja så? Ja, min kæreste sagde jo, at en viss en gik på frierfødder. Til lykke begge to; og velkommen i familjen, herr Stensgård!
FJELDBO. Nej, nej; ikke ham!
KAMMERHERREN. Nej, kandidat Helle; et fortræffeligt valg. Og min datter må De såmæn også gratulere.

MADAM RUNDHOLMEN. Frøkenen! Nå; så havde Lundestad ret alligevel! Gratulerer, frøken; gratulerer, herr sagfører!

FJELDBO. Doktor, skal De sige.

MADAM RUNDHOLMEN. Hvad?

FJELDBO. Doktor; det er mig.

MADAM RUNDHOLMEN. Nej, nu véd jeg hverken ud eller ind!

KAMMERHERREN. Men nu véd jeg først både ud og ind!

STENSGÅRD. Undskyld; en nødvendig forretning –

KAMMERHERREN *(sagte)*. Lundestad, hvad var det andet –

LUNDESTAD. Hvilket andet?

KAMMERHERREN. Ikke lykkejæger; men det andet –

LUNDESTAD. Rodhugger.

STENSGÅRD. Jeg anbefaler mig!

KAMMERHERREN. Et ord, så godt som ti, herr sagfører Stensgård! Et ord, – et ord, som længe har ligget mig på hjertet –

STENSGÅRD *(henimod udgangen)*. Undskyld; jeg har hastværk.

KAMMERHERREN *(efter ham)*. Rodhugger!

STENSGÅRD. Farvel; farvel!

(ud i baggrunden.)

KAMMERHERREN *(kommer nedover igen)*. Nu er luften ren, mine venner!

BASTIAN. Og kammerherren lægger ikke mig til last, hvad der er hændt hjemme?

KAMMERHERREN. Enhver får feje for sin egen dør.

BASTIAN. Jeg har heller ingen del i det.

SELMA *(som under det foregående har lyttet ved den øverste dør til højre)*. Faer! Nu er du glad; – må han nu komme?

KAMMERHERREN. Selma! Du! Du beder for ham? Du, som iforgårs –

SELMA. Pyt; det er længe siden iforgårs. Alt er godt. Nu véd jeg, han kan gøre gale streger –

KAMMERHERREN. Og det glæder du dig over?

SELMA. Ja, over at han *kan*; men han skal ikke få lov til det.
KAMMERHERREN. Ind med ham.
(Selma ud igen til højre.)
VÆRKSFORVALTER RINGDAL *(fra den forreste dør til højre).* Her er afskedsansøgningen.
KAMMERHERREN. Tak; men istykker med den.
RINGDAL. Istykker?
KAMMERHERREN. Ja, Ringdal; det er ikke på den måde. Jeg kan sone alligevel; alvor og gerning –
ERIK BRATSBERG *(med Selma fra højre).* Har du tilgivelse for mig?
KAMMERHERREN *(rækker ham vekselen).* Jeg tør ikke være ubarmhjertigere end skæbnen.
ERIK BRATSBERG. Faer! Endnu idag skal jeg standse med min forretning, som er dig så meget imod.
KAMMERHERREN. Nej, tak; nu blir du stående. Ingen fejghed! Ingen flugt fra fristelsen! Men *jeg* står hos. *(højt.)* Ja, véd De nyt, mine herrer? Jeg er gået ind i firmaet med min søn.
FLERE AF GÆSTERNE. Hvad? De, herr kammerherre?
DANIEL HEJRE. Du, højstærede?
KAMMERHERREN. Ja; det er en hæderlig og velsignelsesrig virksomhed. Eller *kan* ialfald være det. Og nu har jeg heller ikke længere nogen grund til at holde mig udenfor.
LUNDESTAD. Ja, véd De hvad, herr kammerherre Bratsberg, – vil De tage fat til gavn for distriktet, så var det rigtignok både spot og skam, om jeg gamle arbejdstræl skulde svigte min værnepligt.
ERIK BRATSBERG. De! Virkelig?
LUNDESTAD. Jeg får jo. Efter den elskovssorg, som har rammet sagfører Stensgård idag –; Gud bevare mig for at tvinge mennesket ind i statssager nu. Han bør friske sig op; ud at rejse, bør han, og jeg skal se at hjælpe til. Og derfor, mine sognemænd, har I brug for mig, så tag mig.

SOGNEMÆNDENE *(under håndtryk og bevægelse)*. Tak, Lundestad! De er dog den gamle! De svigter ikke!

KAMMERHERREN. Se, det er, som det skal være; nu kommer alting i sin rette gænge igen. Men hvem er igrunden skyld i alt dette?

FJELDBO. Ja, De, Aslaksen, De må kunne gøre rede for –!

ASLAKSEN *(forskrækket)*. Jeg, herr doktor! Jeg er så uskyldig, som barn i moers liv!

FJELDBO. Men det brev, som –?

ASLAKSEN. Det var ikke mig, siger jeg! Det var valgmandsvalget og Bastian Monsen og skæbnen og tilfældet og madam Rundholmens punsch; – der var ikke citron i den, og så står jeg just med pressen i næven –

KAMMERHERREN *(nærmere)*. Hvilket? Hvad; hvad?

ASLAKSEN. Pressen, herr kammerherre!

KAMMERHERREN. Pressen! Der har vi det! Er det ikke det, jeg altid har sagt, at pressen har en overordentlig magt i vore dage?

ASLAKSEN. Nej, men, herr kammerherre –

KAMMERHERREN. Ingen utidig beskedenhed, herr bogtrykker Aslaksen. Jeg har hidindtil ikke læst Deres avis; herefter vil jeg læse den. Må jeg bede om ti eksemplarer.

ASLAKSEN. De skal gerne få tyve, herr kammerherre!

KAMMERHERREN. Nå ja, tak; lad mig så få tyve. Og trænger De forøvrigt til penge, så kom til mig; jeg vil støtte pressen; men det siger jeg Dem på forhånd, – jeg vil ikke skrive noget i den.

RINGDAL. Nej, men hvad hører jeg! Deres datter forlovet!

KAMMERHERREN. Ja, hvad siger De til det?

RINGDAL. Velsignet, siger jeg! Men når skete det?

FJELDBO *(hurtigt)*. Å, det skal jeg siden –

KAMMERHERREN. Det skede såmæn sidstleden 17de Maj.

FJELDBO. Hvorledes –?

KAMMERHERREN. Samme dag, som lille frøken Ragna –

THORA. Faer, faer; har du vidst –?
KAMMERHERREN. Ja, mine kære; jeg har vidst det den hele tid.
FJELDBO. O, herr kammerherre –!
THORA. Men hvem har –?
KAMMERHERREN. En anden gang skal I småpiger tale lidt mindre højrøstet, når jeg sidder og blunder i karnappet.
THORA. O, Gud; sad du indenfor gardinerne?
FJELDBO. Så forstår jeg Deres adfærd –
KAMMERHERREN. Ja, De, som kunde gå her og tie.
FJELDBO. Vilde det have nyttet, om jeg havde talt før idag?
KAMMERHERREN. De har ret, Fjeldbo; det mellemliggende måtte til.
THORA *(sagte, til Fjeldbo)*. Ja, tie kan du. Alt dette med Stensgård; – hvorfor fik jeg ingenting at vide?
FJELDBO. Når en høg kredser over dueslaget, så vogter og værger man sin lille due, – men man ængster ikke.
(de afbrydes af madam Rundholmen.)
DANIEL HEJRE *(til kammerherren)*. Hør; du får virkelig undskylde; men vi kommer til at opsætte vore procesanliggender på ubestemt tid.
KAMMERHERREN. Gør vi det? Nå ja, ja!
DANIEL HEJRE. Jeg skal sige dig, jeg har overtaget en stilling som nyhedsreferent i Aslaksens avis.
KAMMERHERREN. Det fornøjer mig.
DANIEL HEJRE. Og du vil selv indse, – de mange løbende forretninger –
KAMMERHERREN. Vel, vel, min gamle ven; jeg kan godt vente.
MADAM RUNDHOLMEN *(til Thora)*. Ja, jeg har såmæn grædt mine modige tårer for det slette menneske. Men nu takker jeg Vorherre for Bastian. Den anden, han er falsk, som skum på vand; og så er han så uvorren i tobaksvejen, frøken; og så vil han ha'e alting så lækkert til hverdags; det er en ren madhest.

PIGEN *(fra venstre)*. Bordet er dækket.
KAMMERHERREN. Nå, så tager De vel allesammen tiltakke. Herr gårdbruger Lundestad, De sidder hos mig; og De også, herr typograf Aslaksen.
RINGDAL. Jo, her vil rigtignok blive stof til skåler!
DANIEL HEJRE. Ja; og det er vel neppe ubeskedent, om en olding forbeholder sig skålen for de kære fraværende.
LUNDESTAD. Én fraværende kommer igen, herr Hejre.
DANIEL HEJRE. Sagføreren?
LUNDESTAD. Ja; pas på, mine herrer! Om ti-femten år sidder Stensgård i folkets eller i kongens råd, – kanske i dem begge på engang.
FJELDBO. Om ti-femten år? Ja, men da kan han ikke stå i spidsen for de unges forbund.
DANIEL HEJRE. Hvorfor ikke det?
FJELDBO. Nej, for da vil han være af en temmelig tvivlsom alder.
DANIEL HEJRE. Men så kan han jo stå i spidsen for de tvivlsommes forbund, faer! Det er også det Lundestad mener. Han siger omtrent som Napoleon: de tvivl- somme, siger han, det er det stof, hvoraf man gør politikusser; he-he!
FJELDBO. Ja, hvorom alting er, – *vort* forbund skal bestå både gennem unge og tvivlsomme dage. Og det skal vedblive at være de *unges* forbund. Da Stensgård stiftede sin forening og løftedes på folkets skuldre under frihedsdagens jubel og rus, da sagde han: med de unges forbund er et forsyn i pakt! For vort vedkommende tænker jeg selv theologen der tør lade det ord gælde.
KAMMERHERREN. Det tænker jeg med, mine venner; thi sandelig, – vi har tumlet og famlet i dårskab; men gode engle stod bag.
LUNDESTAD. *A*, Gud bedre os; englene, de har nok været så middels.

ASLAKSEN. Ja, det ligger i de lokale forholde, herr Lundestad!
(Teppet falder.)

Also available from JiaHu Books:

Brand - Henrik Ibsen
Et Dukkhjem – Henrik Ibsen
(Norwegian/English Bilingual text also available)
Peer Gynt – Henrik Ibsen
Hærmændene på Helgeland – Henrik Ibsen
Fru Inger til Østråt - Henrik Ibsen
Gengangere – Henrik Ibsen
Catilina – Henrik Ibsen
Synnøve Solbakken - Bjørnstjerne Bjørnson
Det går an by Carl Jonas Love Almqvist
Drottningens Juvelsmycke by Carl Jonas Love Almqvist
Röda rummet – August Strindberg
Fröken Julie/Fadren/Ett dromspel by August Strindberg
Nils Holgerssons underbara resa genom Sverige - Selma Lagerlöf
The Little Mermaid and Other Stories (Danish/English Texts) - Hans-Christian Andersen
Egils Saga (Old Norse and Icelandic)
Brennu-Njáls saga (Icelandic)
Laxdæla Saga (Icelandic)
Die vlakte en andere gedigte (Afrikaans) - Jan F.E. Celliers